Thomas Paoletti

Dubai Affaire

*Come fare Business
negli Emirati Arabi Uniti*

MNAMON

INTRODUZIONE

Oggi, in maniera sempre più rapida e marcata, esplorare nuovi mercati rappresenta un'esigenza aziendale spesso imprescindibile per svolgere la propria attività imprenditoriale con lungimiranza e proattività, qualità che spesso si accompagnano al successo.

Questo libro tratta proprio di questo tema, dell'internazionalizzazione d'impresa in un mercato specifico: gli Emirati Arabi Uniti (EAU). È questo il paese in cui mi sono trasferito tre anni fa, come compimento di un percorso che mi ha avvicinato agli EAU fin dai primi anni 2000. La mia attività principale consiste nell'assistere le imprese italiane che intendono entrare nel mercato emiratino lungo tutto il loro progetto di internazionalizzazione. Come spiegherò nelle prossime pagine, approcciare un nuovo mercato è un'operazione complessa che richiede un ampio ventaglio di competenze specifiche. Questo libro vuole appunto essere una guida alla portata di tutti per poter avvicinarsi al tema e avere a disposizione una serie di informazioni utili e pratiche.

Non parlo però di internazionalizzazione d'impresa in astratto, ma negli Emirati Arabi Uniti in particolare. Ed è questo il motivo che certamente vi ha portato a sfogliare queste pagine, l'interesse per Dubai, Abu Dhabi o un altro emirato, di cui avete sentito parlare, di cui avete letto qualcosa o che avete visitato recentemente.

Sono queste quindi le colonne portanti del manuale che vi propongo: internazionalizzazione ed Emirati Arabi Uniti.

Dubai è l'emirato che conosco più da vicino perché è quello dove risiedo e dove ha sede la mia attività. Spesso mi viene chiesto **quanti tentativi di business a Dubai sono andati a buon fine in percentuale** tra tutti quelli che ho trattato. Per rispondere a questa domanda è necessario distinguere la tipologia di intervento desiderato, cioè tra l'investitore che "si limita a tentare" e richiede una semplice costituzione di società e chi ha un progetto concreto da realizzare, con un business plan strutturato e che in passato ha già avuto esperienze ad operare sui mercati dell'area del Golfo.

Nel primo caso gli imprenditori che hanno provato ed hanno avuto successo sono piuttosto pochi: direi che in termini percentuali ci attestiamo tra un 5 e un 10%, non oltre. La causa principale del fallimento risiede nel fatto che l'imprenditore è convinto che, una volta costituita la società, le opportunità di business arrivino da sole e le attività connesse possano essere gestite in remoto rimanendo nel proprio paese. Purtroppo come dirò nel corso di queste pagine le cose non stanno proprio così. Gli imprenditori che invece si sono strutturati e che con qualche sacrificio, soprattutto iniziale, a distanza di qualche tempo hanno avuto successo toccano la percentuale del 70% circa. Quello che dico e ripeto a tutti coloro che vogliono affacciarsi sul mercato emiratino è che gli EAU offrono grandi opportunità di business e spesso i contratti in gioco sono a due zeri in più rispetto a quelli cui si è abituati in Italia, ma è necessario mantenere un basso profilo, essere presenti sul territorio, avere pazienza e cessare di pensare di essere i più intelligenti di tutti o di avere il miglior prodotto del mondo! Essendo questo un mercato multiculturale la competizione non manca. Anche questo aspetto specifico degli EAU verrà trattato ampiamente nei capitolo successivi.

Un'altra domanda che di solito mi viene posta è: **quali sono le tipologie di business predilette dagli italiani che internazionalizzano a Dubai?** Gli imprenditori italiani operano per lo più nel settore del trading di materiali e prodotti e in quello della consulenza di vario genere. In termini di insediamento, prediligono la costituzione di società in free zone, che garantisce loro la piena ed esclusiva proprietà delle quote ed il controllo della società. La differenza tra l'insediamento in free zone o in mainland sarà uno dei temi trattati in dettaglio nel secondo capitolo.

E infine, una domanda ricorrente per chi si affaccia per la prima volta su questo mercato: **ci sono dei settori non ancora approcciati dagli italiani e che invece offrono delle buone opportunità?** Sicuramente il settore che rappresenta una buona occasione è quello relativo al risparmio energetico, assai incentivato grazie ai programmi UAE Vision 2021, Urban Planning Vision 2030 di Abu Dhabi e Dubai Integrated Energy Strategy 2030. L'iniziativa imprenditoriale che parte dall'Italia deve essere ben strutturata alla radice. Non basta, come spesso succede, limitarsi a verificare la possibilità di avere accesso ai finanziamenti locali che, pur essendoci, non vengono erogati a soggetti che non hanno una stabile organizzazione con un'esperienza di almeno tre anni. Delle opportunità di investimento negli EAU e delle iniziative intraprese dal paese in campo economico, industriale, infrastrutturale, urbanistico si parlerà nel primo capitolo. Com'è strutturato quindi questo libro? In modo molto chiaro ed esplicativo.

Si inizia con una cornice storica, che il lettore curioso di conoscere com'erano gli Emirati Arabi Uniti solo settant'anni fa e come sono diventati il paese all'avanguardia che è oggi potrà affrontare. In caso contrario, è una sezione che può essere tralasciata e che ho appositamente separato dal resto dei capitoli perché non compromette la comprensione del resto del testo.

Il primo capitolo dà una descrizione degli EAU utile a inquadrare il paese sia negli aspetti più generali (la geografia, la composizione sociale, l'impostazione religiosa, politica e economica) sia in quelli che più specificatamente lo collocano tra le mete privilegiate dove fare business al mondo. Passo quindi a illustrare i rapporti commerciali tra gli EAU e l'Italia, la presenza di business italiani nel paese e le opportunità attuali di investimento.

Nel secondo capitolo parlo di internazionalizzazione e di come un buon progetto di espansione in un nuovo mercato debba essere strutturato. Per maggiore chiarezza, ho individuato 7 step che ritengo sia sempre utile seguire per una efficace pianificazione in generale. Dopodiché torno a parlare di EAU e delle varie forme di insediamento previste dal Paese, suddividendole secondo il principale criterio che si applica sul territorio: attività stabilite in mainland o in free zones. Mi soffermo quindi a illustrare il trattamento fiscale che si applica per entrambe le modalità. L'ultimo paragrafo di questo capitolo centrale per argomenti e ampiezza di trattazione compie una transizione dalla teoria alla pratica e vi espone quali sono gli interrogativi più comuni che un investitore si pone quando decide di approdare negli EAU con un'attività e quale tipo di considerazioni è opportuno fare per decidere in un senso piuttosto che in un altro.

Il terzo capitolo è dedicato interamente alle joint venture, la forma di insediamento su cui ho accumulato la maggiore esperienza negli ultimi quindici anni. Dopo un'esposizione il più possibile esaustiva di che cos'è una joint venture, delle sue caratteristiche, dei motivi, finalità, vantaggi e svantaggi per cui costituirla, delle fasi da seguire per realizzarla, dei tipi di joint venture esistenti, delle forme strutturali che possono assumere e della struttura contrattuale di cui devono dotarsi, attingo a piene mani nella mia esperienza personale illustrando tre diversi casi pratici che ho affrontato giungendo alla costituzione di joint venture per motivi e considerazioni differenti.

Ho, infine, intitolato "Decalogo" il quarto e ultimo capitolo con l'obiettivo di mettere in chiaro l'uno dopo l'altro quali sono gli errori più frequenti che si compiono quando ci si approccia con gli EAU e quali sono i miei suggerimenti per adottare invece l'approccio più efficace e opportuno.

A corredo trovate anche la sezione Appendici, in cui ho inserito alcune informazioni richiamate nel primo e nel secondo capitolo, che ho preferito collocare a parte per non appesantire la lettura.

Qualora foste interessati ad approfondire la vostra conoscenza degli Emirati Arabi Uniti, in aggiunta a questo manuale, potete visitare il mio blog all'indirizzo http://thomaspaoletti.com/blog/ che aggiorno periodicamente con nuovi articoli e informazioni utili su Dubai in particolare, emirato dove vivo e opero, e gli EAU in generale.

CORNICE STORICA

- **GLI EMIRATI ARABI UNITI AGLI ALBORI DELLA STORIA**
- **DUBAI AGLI ALBORI DELLA STORIA**
- **DUBAI TRA IL 1800 E IL 1900**
- **DUBAI E IL PETROLIO**
- **L'INDIPENDENZA: NASCONO UFFICIALMENTE GLI EMIRATI ARABI UNITI**
- **DUBAI EMERGE**
- **DUBAI AI GIORNI NOSTRI**

Gli Emirati Arabi Uniti agli albori della storia

Pensate a una landa desolata e ostile, in cui soltanto persone eccezionalmente tenaci e abituate a condizioni di vita estreme tiravano a campare, cibandosi quasi esclusivamente di datteri e latte di cammello, in continua e affannosa ricerca di altre risorse per placare la fame e la sete. Questa gente, tra le società più sottosviluppate del pianeta, trascorreva le notti attorno al fuoco recitando poesie e raccontando intricate storie sulla genealogia delle varie tribù che andavano indietro di centinaia di anni. Chi in queste terre si avventurava raramente si fermava.

Questo non succedeva molto tempo fa. Siamo solo negli anni '40 del secolo scorso e dove? Nella penisola araba, in quella terra che ora forma l'Oman, l'Arabia Saudita e gli Emirati Arabi Uniti. Quasi tutte le zone più estreme del mondo erano state ormai esplorate all'epoca: l'Antartide e l'Africa erano state attraversate, il Polo Nord conquistato. L'unico buco inesplorato sulla mappa rimaneva proprio l'interno della penisola araba, la frontiera finale. Incredibile a dirsi, per noi che conosciamo gli Emirati Arabi così come sono adesso: uno dei paesi più avanzati e più ricchi al mondo, sede di alcuni degli edifici più spettacolari e iconici, e famoso per la sua straordinaria capacità di realizzare opere e infrastrutture in tempi record. Eppure è andata proprio così. Dalla scoperta del petrolio avvenuta negli anni '60 del 1900, in soli trent'anni, gli Emirati

Arabi Uniti hanno trasformato una terra completamente desertica, abitata da beduini, cercatori di perle, marinai e pastori, che vivevano in condizioni di limitata sopravvivenza a causa della scarsità di risorse naturali, in un ambiente all'avanguardia, innovativo e dotato delle tecnologie più avanzate. La storia degli Emirati Arabi Uniti non ha molto da dire di se stessa fino al 1800. Prima di allora la penisola araba era stata bypassata anche dalle epoche più floride che hanno contraddistinto l'Asia: l'impero persiano per esempio, che nel VI secolo a.c. era la potenza più forte ed estesa della terra, dalle coste occidentali dell'Asia Minore, al Caucaso, dall'India alla valle del Nilo, fece sporadiche incursioni nella penisola araba e si concentrò esclusivamente su alcuni tratti della costa, ignorando del tutto le tribù desertiche dell'interno; anche durante l'epoca d'oro islamica, tra l'VIII e il XIII secolo d.C., le terre desertiche della penisola si trovarono a margine della storia. Tutto ciò che si susseguiva e che dava forma alla civiltà umana nei secoli semplicemente accadeva altrove. La penisola araba si trovava nell'isolamento.

Il primo contatto con gli europei avvenne nel XVI secolo d.c. quando il capitano Albuquerque venne mandato in esplorazione dalla corona portoghese per aprire la rotta intorno all'Africa e all'Arabia verso l'India. I portoghesi usarono la mano pesante contro le imbarcazioni arabe che incontravano, distruggendole una a una, e le relazioni con le popolazioni locali della costa erano improntate alla sottomissione e alla violenza. L'occupazione portoghese, durata dagli inizi del 1500 al 1631, non fu affatto piacevole per le popolazioni arabe che vivevano nelle zone in cui gli europei avevano stabilito le loro stazioni marittime. Nel 1631 i portoghesi, dopo essere stati sconfitti dagli olandesi e dagli inglesi, iniziarono a lasciare la penisola.

Arriviamo così al 1800, quando il valore strategico del golfo persico iniziò a destare l'attenzione delle potenze europee assorbite ciascuna nelle proprie ambizioni di colonizzazione. Erano soprattutto gli inglesi a puntare questa regione, che avrebbe loro permesso di stabilire un'ottima rotta per i redditizi commerci con l'India, distante solo poche centinaia di chilometri dalle coste del golfo attraverso il Mar Arabico. All'epoca le acque di questa parte di mondo erano dominate dai pirati, dai guerrieri Wahhabi, musulmani ultraconservatori, e dai Qassimi, la tribù araba più potente all'epoca, che fronteggiarono tenacemente sia gli inglesi sia altre potenze rivali, come gli Ottomani. Dopo diversi scontri, gli inglesi si insediarono nella regione e divennero padroni assoluti del commercio del golfo. Gli inglesi, inoltre, pretesero che i vari sceicchi delle tribù costiere firmassero un accordo di tregua con il quale si impegnavano a rinunciare a qualunque ostilità marittima. Tutti e sette gli sceiccati che poi avrebbero costituito gli EAU - Dubai, Abu Dhabi, Sharjah, Ajman, Umm Al-Quwain, Ra's Al-Khaimah, Fujayrah - firmarono nel 1853 la tregua (dando vita agli Stati della Tregua), aprendo così l'era della dominazione inglese che durò fino al 1971.

Dubai agli albori della storia

Cos'era Dubai nel 1800? Sappiamo che nel dicembre 1819 gli inglesi gettarono l'ancora al largo del canale di Dubai (quello che ora chiamiamo il Dubai Creek) e poi sbarcarono sulle sue sponde con una piccola imbarcazione a remi. Giunsero in quello che descrissero come un villaggio polveroso circondato da un muro di fango, dalla terra arida, abitato da capre e cammelli che vagavano liberamente e da un migliaio di persone che vivevano in capanne di paglia e fango, si vestivano di mantelli grezzi e turbanti e si procuravano di che vivere dalle attività di pesca e raccolta delle perle, le cui imbarcazioni erano in secca sulla spiaggia. Due boschi di palme da dattero, non molto estesi, crescevano al di fuori delle mura e davano riparo agli unici pozzi di acqua fresca cui il villaggio poteva attingere. A protezione dell'insediamento vi era un forte, l'Al-Fahidi Fort, una costruzione di fango e corallo, con due torri di guardia, da cui tuttavia, all'arrivo degli inglesi, non giunse alcun segnale di minaccia. Al contrario, i marinai inglesi vennero accolti cordialmente dall'uomo che evidentemente era al comando in quel luogo.

All'epoca Dubai era primitiva e fuori dal tempo come un qualsiasi villaggio costiero africano: niente lasciava prevedere quello che sarebbe diventata.

Le acque iniziarono ad agitarsi da lì a poco, a causa di una disputa che si scatenò all'interno della grande confederazione di tribù dei Bani Yas tra i due rami principali: quello di Al Bu Falah, a cui riporta la famiglia regnante di Abu Dhabi, gli al-Nahyan, e quello di Al Bu Falasah, cugini dei primi, che include la famiglia al-Maktoum (attuali sovrani di Dubai).

Accadde che il leader della tribù, Sheikh Tahnun, venne assassinato dal fratello Khalifa, azione a cui molti si ribellarono. Tutti coloro che non riconoscevano la sua autorità però venivano a loro volta uccisi. Gli Al Bu Falasah condannavano questi comportamenti e non accettavano la repressione di Khalifa; decisero quindi di partire verso nord e stabilirsi in un'altra zona sulla costa dove il dominio degli al-Nahyan non poteva arrivare.

Fu un viaggio di qualche settimana e infine i nuovi coloni giunsero alle porte di quel villaggio polveroso che era Dubai. Si insediarono con i loro cammelli e il loro bestiame e, nello spazio di pochi mesi, raddoppiarono la popolazione di quel remoto insediamento, prendendone possesso. I due sceicchi del ramo dei Al Bu Falasah, Obaid bin Said e Maktoum bin Buti, dichiararono Dubai un nuovo sceiccato, indipendente da Abu Dhabi e dai sovrani al-Nahyan. Anche gli inglesi riconobbero presto il nuovo regime, cementando l'autorità della famiglia Maktoum al potere (lo sceicco Obaid morì dopo solo tre anni lasciando il governo di Dubai a Maktoum bin Buti che vi governò fino alla morte avvenuta nel 1852).

Il 1833 fu un anno decisivo per Dubai. Segna, prima di tutto, l'inizio della lunga e proficua relazione con la Gran Bretagna, che appoggiò e promosse sempre i leader Maktoum durante i periodi critici. La dinastia Maktoum governa infatti Dubai con impressionante stabilità da più di 180 anni, senza che alcun sceicco sia mai stato deposto o assassinato, usanza non insolita per gli standard della regione. Stabilità di governo e successione prevedibile sono i cardini su cui si poggia il successo commerciale di Dubai, insieme alle leggi e agli incentivi favorevoli.

Il 1833 è inoltre l'anno in cui a Dubai iniziano ad arrivare onde di immigrati che avrebbero rafforzato e rinnovato negli anni l'insediamento per trasformarlo in una delle città più cosmopolite al mondo, con duecento gruppi etnici che vivono in un'atmosfera di tolleranza.

Qualche decennio dopo l'arrivo dei Maktoum, il villaggio polveroso di Dubai ebbe la prima occasione per mostrare cosa era in grado di fare.

Dubai tra il 1800 e il 1900

A qualche miglio da Dubai sorgeva in territorio iraniano il florido porto di Bandar Lengeh, in cui i mercanti Qassimi facevano grossi affari, senza tuttavia prestare alcuna fedeltà al regime persiano di Teheran. Questa situazione irritava Teheran che diede un giro di vite e, intorno al 1887, iniziò a scacciare i mercanti Qassimi e a portare il porto sotto diretto controllo.

I mercanti si trovarono a dover decidere dove dirottare i loro affari e alcuni di essi scelsero di tornare alle proprie terre d'origine.

Lo sceicco Maktoum bin Hasher che governava Dubai dal 1894 intravide l'occasione: non bisognava permettere che questi mercanti lasciassero la regione ma, al contrario, che si dirigessero a Dubai e installassero qui i loro commerci. All'epoca, tuttavia, Dubai non era un porto attrattivo tanto quanto Bandar Lengeh e così lo sceicco Maktoum avviò una serie di iniziative con l'obiettivo di fare di Dubai il porto più business-friendly del golfo. Per prima cosa, abolì il dazio doganale del 5% e tagliò le tasse, rendendo Dubai un porto franco (primo segnale, questo, di una tendenza che si è andata consolidando nel tempo). In secondo luogo, inviò agenti a parlare con i mercanti per convincerli a trasferirsi a Dubai, con la promessa di terra gratis e di una politica governativa che non avrebbe interferito con i loro affari.

Funzionò. Molti mercanti iraniani decisero di trasferirsi a Dubai e, proprio come sperava lo sceicco, anche i loro partner in affari e i loro clienti seguirono a ruota. Il censimento del 1901 indicava già 500 persiani residenti a Dubai, che andarono aumentando di anno in anno, fino a che quella iraniana assunse le proporzioni di una migrazione di massa, simile alla prima avvenuta nel 1833 con l'arrivo degli Al Bu Falasah. Ma ce ne sarebbero state molte altre.

E così Dubai iniziò a diventare importante e ad aprirsi al mondo esterno. Se prima del 1901 i cargo inglesi e le navi passeggeri sostavano a Dubai per non più di cinque volte l'anno, due anni dopo Dubai divenne una destinazione fissa. Verso il 1908 il porto franco di Dubai ospitava 10.000 arabi, persiani, indiani e baluci, 1.650 cammelli, 400 negozi in due bazaar e più di 400 tra navi e barche. Gli iraniani avevano costruito il loro quartiere, Bastakiya, lo sceicco il suo palazzo fronte mare e Dubai aveva ormai valicato i confini delle vecchie mura di fango, che giacevano in rovina.

Negli anni '20 del 1900 la maggior parte degli iraniani accettò l'invito dello sceicco di risiedere permanentemente a Dubai; questo portò al trasferimento di tutte le famiglie che erano rimaste in patria. Dubai era felice di avere residenti con spiccato spirito imprenditoriale e connessioni con l'Africa e l'Asia, ed era ancor più soddisfatta di averli sottratti all'Iran, un diretto concorrente.

Gli iraniani portarono prosperità e comodità a Dubai. Molti locali vivevano ancora in capanne di paglia e raccoglievano l'acqua al pozzo comune, ma c'erano anche nuove case costruite con il ricorso a moderne tecniche di climatizzazione, come le torri del vento, soluzione "naturale" per rinfrescare gli ambienti in climi particolarmente torridi.

L'immigrazione di iraniani a Dubai è continuata anche in tempi più recenti. Negli anni '70 del 1900, per esempio, l'Iran ha scatenato un nuovo esodo a seguito dell'aumento delle tariffe di importazione del 40% su alcuni beni; e poi ancora negli anni '80, a causa della rivoluzione islamica che ha allontanato le menti più liberali dall'Iran. Attualmente sono circa 10.000 le imprese iraniane a Dubai.

C'è un secondo settore in cui Dubai prosperava nei primi tempi del suo "risveglio" commerciale, ed è quello delle perle. Il mare del golfo, uno dei più caldi e salati al mondo, è un habitat perfetto per le ostriche e un terreno ideale per la raccolta delle perle, che per tutto il 1800 ha costituito di gran lunga la maggiore attività praticata nel golfo. I compratori arrivavano da Bombay a Dubai, Sharjah e Bahrein in attesa delle navi che trasportavano le perle per acquistarne i migliori esemplari. Agli inizi del 1900 il commercio delle perle dominava il 95% dell'economia del golfo sostenendo 1.200 barche dedicate a questa attività, ognuna con un equipaggio di 15-18 marinai. Un quarto di queste barche salpava da Dubai.

La preoccupazione reale era che Dubai e il golfo dipendevano troppo da un singolo bene di esportazione, per lo più di lusso, e che l'economia delle perle non era affatto stabile. Ma Dubai non fece molto per ovviare a questo problema, e infatti, quando nel 1929 la borsa di New York crollò e prima l'America e poi l'Europa caddero a spirale nella grande depressione, gli effetti giunsero violenti anche in questa parte di mondo. L'economia di Dubai dipendeva da un bene di lusso, senza utilità pratica, che in tempi duri fu il primo ad essere eliminato.

La raccolta delle perle in Dubai era giunta drammaticamente alla fine, lasciando un villaggio nella disperazione di dover ritornare alle logiche della sopravvivenza. Gli anni tra il crollo del 1929 e la fine della seconda guerra mondiale nel 1945 rappresentano il periodo più duro nella storia di Dubai.

Tra gli anni '30 e '40 scoppiò una carestia che portò una diffusa denutrizione tra tutta la popolazione. Lo sceicco al potere all'epoca non possedeva la determinazione per affrontare i problemi e così si aprì una stagione turbolenta per i Maktoum, che tuttavia si concluse con la famiglia regnante ben salda al governo.

Gli inglesi proteggevano ancora i cosiddetti Stati della Tregua, ma soprattutto durante gli anni delle due guerre mondiali avevano altri problemi da affrontare. Tuttavia, le relazioni si mantennero costanti e gli inglesi operarono in modo da sostituire le democrazie tribali con monarchie che si dimostrano ora come alcuni dei più stabili regimi al mondo. L'impostazione autoritaria ed ereditaria adottata dagli inglesi si mantiene tuttora: i governanti di Dubai e degli altri paesi degli EAU scelgono ancora i loro successori tra figli e fratelli, preservando un sistema che è tanto più stabile quanto poco democratico.

Fino alla fine degli anni '50 agli inglesi non interessava colonizzare questi sceiccati impoveriti che non sembravano possedere alcuna risorsa mineraria appetibile. Gli stessi sceicchi nel 1922 avevano rinunciato al diritto di firmare contratti di esplorazione del suolo con gli Stati Uniti o con altri paesi, scegliendo di trattare esclusivamente con i britannici.

Bisogna dire che il dominio inglese ha sì significato stabilità per gli Stati della Tregua, ma non solo. La Gran Bretagna non fece nulla per far progredire queste società, lasciandole nel 1971, quando se ne andò, con un analfabetismo al 70%, un'aspettativa di vita di poco più di 50 anni e senza nemmeno un'università. Perciò, il dominio inglese significò anche stagnazione per Dubai e gli altri sceiccati, la cui qualità della vita migliorò considerevolmente solo dopo l'indipendenza.

Dubai e il petrolio

Gli anni '50 del 1900 portarono prosperità e progresso al mondo industrializzato. Basti pensare agli Stati Uniti, dove IBM lanciò il primo linguaggio di programmazione informatica; alla Russia, che lanciò nello spazio lo Sputnik, il primo satellite in orbita intorno alla Terra; all'Egitto, che visse proprio negli anni '50 la sua epoca d'oro cinematografica; a Beirut, che in quegli anni veniva chiamata la Parigi del Medio Oriente ed era una delle mete preferite dal jet set internazionale. E Dubai? Dubai non era molto diversa da come appariva un secolo prima. Il centro era composto da un rumoroso souk arabo, con corsie troppo strette per qualunque veicolo, tranne che per il passaggio di carretti di muli, cammelli, greggi di pecore che vagavano all'interno. I commercianti sedevano a terra a gambe incrociate e offrivano ai clienti uno sgabello e una tazza di tè. Iraniani, che costituivano il 60% dei 15.000 abitanti di Dubai, andavano a zonzo muniti di pugnali o fucili. Alcuni dei servizi ormai dati per scontati nel mondo occidentale erano qui un lusso: le toilette con sciacquone, per esempio, che non erano presenti nemmeno nel palazzo dello sceicco; l'elettricità, che arrivò solo negli anni '60, e con essa i primi impianti di aria condizionata, che diedero respiro ad un luogo in cui nelle notti estive la temperatura poteva raggiungere i 35 gradi; l'acqua fresca, che arrivò sempre a seguito dell'elettricità quando furono costruiti i primi apparati per la produzione di ghiaccio; il sapone, in mancanza del quale gli abitanti si lavavano con il fango. Solo nel 1950, 130 anni dopo l'arrivo degli inglesi, la medicina occidentale approdò a Dubai, grazie all'apertura dell'ospedale Al Maktoum. Le scuole aperte durante il boom delle perle avevano poi chiuso negli anni '30 e vent'anni dopo rimanevano solo un paio di semplici strutture dove si insegnava il Corano, i rudimenti della matematica e un po' di storia. La maggioranza della popolazione non sapeva scrivere, solo leggere il Corano. Chi voleva studiare o lavorare lasciava Dubai per l'Arabia Saudita, l'Iran, l'India, il Kuwait.

Il quadro non era molto diverso ad Abu Dhabi, che però conobbe presto il suo momento di gloria. Nel 1958 il primo impianto offshore di trivellazione si installò al largo delle coste di Abu Dhabi e trovò che le distese desertiche del luogo non erano affatto prive di valore come a prima vista si poteva credere. Quando si appurò l'entità dei depositi, divenne subito chiaro che Abu Dhabi si inseriva immediatamente tra la lista dei paesi più ricchi del mondo. Nel 1963 Abu Dhabi contava già 25 pozzi offshore e un'altra dozzina a terra che esportavano 2,5 milioni di tonnellate di greggio all'anno, un quantitativo che aumentò di ben dieci volte nel 1968, quando lo sceiccato spediva 24 milioni di tonnellate di greggio guadagnando decine di milioni di dollari - da dividersi su una popolazione di circa 200.000 abitanti!

Ma torniamo a Dubai. Il successo di Abu Dhabi persuase tutti gli altri sei Stati della Tregua che anch'essi navigassero in un mare di petrolio, e quindi di denaro. Dubai aprì le esplorazioni nel 1950 quando la compagnia inglese Petroleum Development si installò a Jebel Ali. Ma non trovarono nulla. Continuarono a cercare per diversi anni fino a che nel 1963 la compagnia decise di abbandonare la concessione di Dubai.

Finalmente, nel 1966, anche il suolo di Dubai si dimostrò generoso e nuovi pozzi vennero poi scoperti nel 1970, 1972 e 1973. Tuttavia, a fine valutazione di tutti i depositi rinvenuti, vi fu un'amara scoperta: si rilevò che Dubai possedeva solo il 4% di tutto il petrolio degli EAU, ossia 4 miliardi di barili di riserva. Quasi tutto il resto si trovava sul suolo di Abu Dhabi. Sharjah e Ra's Al-Khaimah trovarono depositi marginali, mentre gli altri sceiccati rimasero a bocca asciutta (Abu Dhabi da solo detiene il 94% delle riserve petrolifere degli EAU).

Ma per Dubai non fu così male, considerando lo stato di povertà in cui versava fino a quel momento. Il petrolio portò il commercio, nuove infrastrutture, costruzioni, servizi. E tuttavia non era una riserva su cui Dubai poteva contare. Al 1975 gli introiti derivati dal petrolio dominavano l'economia di Dubai per due terzi del PIL; dieci anni dopo erano scesi al 50%; nel 2000 toccarono il 10%; nel 2006 il solo 3% del PIL. Il picco di produzione di Dubai fu toccato nel 1991 con 410.000 barili al giorno. Nel 2008, mentre Abu Dhabi produceva 2,5 milioni di barili al giorno, Dubai si attestava a soli 60.000 barili.

Fortunatamente ciò non fu fonte di angoscia per Dubai. Forse memore di quanto subito a causa del crollo del commercio delle perle, gli sceicchi di Dubai non hanno mai scommesso tutto sul petrolio; come vedremo, punto di forza dell'economia di questo emirato, è proprio la sua politica di diversificazione. Dubai non è mai stata una città petrolifera, come Kuwait City, Houston o Baku. Proprio perché la scoperta di giacimenti si verificò tardi, Dubai aveva già sviluppato altre forme di entrate, su cui continuò a investire anche durante gli anni del suo boom petrolifero. Rashid, lo sceicco all'epoca, si preoccupò di investire i ricavi derivanti dal petrolio nella costruzione di grandi progetti infrastrutturali, quali strade, fabbriche e porti, che era sicuro sarebbero serviti al paese nei successivi 50 anni e gli avrebbero consentito di diventare un centro del commercio regionale.

L'indipendenza: nascono ufficialmente gli Emirati Arabi Uniti

Come accennato in precedenza, gli inglesi lasciarono la penisola araba nel 1971. Il **2 dicembre 1971** divenne il giorno dell'**indipendenza degli Emirati Arabi Uniti**. Quel giorno i leader dei sette regni - Dubai, Abu Dhabi, Sharjah, Ajman, Ras Al-Khaimah, Umm Al-Quwain e Fujairah - si riunirono presso la Union House di Dubai e firmarono la dichiarazione di indipendenza ponendo le fondamenta di un nuovo stato, che chiamarono Emirati Arabi Uniti. Lo sceicco di Abu Dhabi, Zayed, divenne presidente e Abu Dhabi capitale, mentre lo sceicco Rashid di Dubai assunse il ruolo di vice presidente e primo ministro; per consuetudine così è sempre rimasto - il presidente è sempre lo sceicco di Abu Dhabi e il primo ministro lo sceicco di Dubai. Gli EAU divennero così una federazione di sette emirati, ciascuno indipendente e con la propria famiglia regnante che gestisce autonomamente la politica economica del suo emirato, il settore petrolifero, dell'aviazione, della sicurezza interna e della finanza; il governo federale, che comprende il Consiglio Supremo, il Consiglio Federale dei Ministri e il Consiglio Nazionale Federale, si occupa invece di affari esteri, difesa, istruzione, sanità, telecomunicazioni.

Inizialmente gli EAU vedevano l'indipendenza non come un'opportunità, ma come un problema, tanto che i due sceicchi Zayed e Rashid chiesero a Londra di estendere la protezione inglese e di posticipare la partenza: avrebbero addirittura pagato loro tutte le spese. Invece non vi furono grossi problemi da affrontare per il nuovo paese appena costituito. Il periodo critico di post-indipendenza confermò la stabilità di cui fino a quel momento i sette emirati avevano già goduto, e per cui, come detto, va dato credito soprattutto agli stessi inglesi. A fronte degli svantaggi causati dall'isolamento da essi imposto, il sostegno britannico alle medesime famiglie regnanti per più di 150 anni aveva contribuito a creare leadership molto forti e solide, per quanto arcaiche e non democratiche.

A differenza delle monarchie tradizionali di altri paesi che vennero deposte da movimenti rivoluzionari (il re d'Egitto capitolò in favore del colonnello Nasser nel 1952; l'esercito dell'Iraq giustiziò il re Faisal II nel 1958; il re dello Yemen Muhammad al-Badr venne destituito dai rivoluzionari nel 1962; nel 1969 in Libia il re Idris si fece da parte e lasciò il potere a Muammar Gheddafi, artefice del colpo di stato), gli sceicchi emiratini sopravvissero perché non vi era nessun soggetto che potesse contrastarli, nessun esercito, nessun sindacato o partito da cui potesse partire una cospirazione o un movimento dal basso. Dubai formò addirittura il suo primo corpo di polizia solo nel 1956 e lo sceicco Zayed costituì un esercito nazionale solo negli anni '70 dopo l'indipendenza, inserendo tra i corpi ufficiali capi tribù fedeli alla sua famiglia. Inoltre, in quegli anni, a seguito della scoperta del petrolio, il paese si stava arricchendo a ritmi sorprendenti e i due sceicchi Zayed e Rashid vennero ben presto acclamati come grandi leader, anche grazie alla loro generosa politica nei confronti dei cittadini. In particolare, Zayed viene da tutti considerato il padre della nazione; è lui che ha traghettato prima Abu Dhabi e poi gli EAU fuori dai tempi bui. Il suo governo sovvenzionò quasi ogni aspetto della vita dei cittadini, letteralmente regalando denaro o terre, attrezzature per lavorare, trattori, inviando ingegneri dai contadini perché progettassero fattorie redditizie; costruì scuole e un'università e istituì borse di studio.

Vista con gli occhi di un occidentale, la mancanza di democrazia politica oggi può apparire una grave pecca in un paese moderno come gli EAU. In realtà, la popolazione non sembra soffrire di tale situazione e, anzi, alcuni sceicchi particolarmente illuminati sono quasi oggetto di venerazione. L'assenza di libertà politiche non significa che il paese sia oppressivo; gli EAU godono infatti di libertà sociali molto ampie che suppliscono alla mancanza delle prime. In confronto ad altri paesi, come per esempio l'Arabia Saudita o il Bahrein, si incoraggia il lavoro femminile e la separazione dei sessi non è così accentuata. Gli sceicchi emiratini sono visti come leader progressivi che, tra le altre cose, sostengono e sovvenzionano l'imprenditorialità e l'educazione tramite borse di studio.

Dubai emerge

Il risveglio di Dubai coincide con la salita al trono nel 1958 dello sceicco Rashid. Il padre di Rashid, Saeed, aveva guidato Dubai per 46 anni, dal 1912, lasciando il paese in uno stato di prolungato torpore, complici anche gli inglesi. Alla morte del padre, Rashid, che era già a capo di Dubai in modo ufficioso da quasi vent'anni, ebbe mano libera per fare del suo paese quello che ne è oggi. Dopo solo dodici mesi Dubai avrà già un porto moderno e, nello spazio di quattro anni, disporrà finalmente di elettricità, acqua corrente e telefoni.

La prima opera importante di cui si occupò Rashid fu la creazione di un porto degno di questo nome. Negli anni '50 Dubai si ritrovò nei guai perché il suo canale - il Dubai Creek - era anno dopo anno sempre più sommerso dal fango che lo stava soffocando. Le navi erano costrette ad ancorare in mare aperto un miglio dalla costa e a trasferire le merci su chiatte adatte a navigare nelle acque basse del creek. Sempre che condizioni climatiche e maree lo permettessero. A causa di questi limiti, potendo solo gestire cargo piccoli, pian piano le navi iniziarono a non includere Dubai nelle loro rotte. Rashid era deciso a porre rimedio: se il canale fosse stato più profondo e dotato di attracchi, le navi avrebbero avuto facile accesso e avrebbero potuto scaricare le merci una volte ormeggiate.

Così, nel 1954, quando era ancora principe ereditario, Rashid commissionò uno studio di fattibilità per dragare il creek e costruire banchine con paratie e palancolate. Il costo di circa 3 milioni di dollari era al di là delle capacità finanziarie di Dubai ma Rashid non rinunciò e coprì l'importo per più della metà attraverso un prestito dal Kuwait.

Quando i lavori terminarono nel 1961, il creek di Dubai si era trasformato in un canale ben delineato che poteva accogliere navi con un pescaggio di 2,5 metri e con carichi di migliaia di tonnellate. Dubai era diventato il porto più accessibile e più importante di tutti gli Stati della Tregua, una destinazione vantaggiosa per qualunque commerciante che poteva scaricare, per esempio, tonnellate di cemento, acciaio, vetro, malta, o che poteva sfruttarlo come centro di stoccaggio. Si può ben dire che il dragaggio del creek è stata la scintilla da cui il grande successo di Dubai ha preso il via.

Rashid fu in grado di saldare il debito al Kuwait prima della scadenza e ricompensò generosamente i locali che avevano con lui condiviso il rischio dell'impresa, catapultandoli in cima alla classifica delle famiglie più ricche della città.

Insieme al porto, la seconda grande infrastruttura voluta da Rashid fu l'aeroporto. Dovette inizialmente affrontare il no inglese, in quanto a pochi chilometri di distanza, a Sharjah, c'era già un aeroporto. Tuttavia, dopo qualche insistenza, lo sceicco di Dubai ottenne il via libera britannico e nel 1960 aprì il primo aeroporto di Dubai, che non ha smesso di espandersi da allora.

Dopo il porto e l'aeroporto, il passo successivo di Rashid fu, come dicevamo, quello di illuminare Dubai: costituì la prima azienda elettrica municipale che costruì un rudimentale impianto di generazione da 1440 kW, disseminò la città di fili elettrici e portò la luce a Dubai nel 1961. Nello stesso anno i tecnici montarono la prima centrale telefonica, mettendo in comunicazione Dubai con il resto del mondo.

Il 1961 vide anche la costruzione della prima strada asfaltata, la Zabeel Road. Gli ingegneri disegnarono strade e rotonde alla maniera inglese, adottando anche la guida a sinistra. Quando però ci si rese conto che i paesi vicini guidavano tutti sulla destra, Rashid abbandonò la guida inglese e si adeguò agli altri.

Nel 1962 si inaugurò il Maktoum Bridge, il primo ponte ad attraversare il Dubai creek e a collegare Bur Dubai a Deira con una semplice passeggiata, senza più dover affrontare un viaggio di un'ora su scomode strade sabbiose.

Qualche anno più tardi si scoprì una falda acquifera a circa 25 chilometri dalla città e si provvide subito a dotare il sottosuolo di tubi che portassero acqua fresca a qualunque edificio di Dubai: finalmente nel 1968 l'acqua corrente diventò un servizio standard.

In veloce successione nuovi comfort arrivarono a Dubai: l'illuminazione pubblica, trasmissioni radiofoniche e televisive, un governo comunale e una forza di polizia.

Ma non finisce qui. Rashid era famoso per questo suo motto: "Quello che fa bene al commercio, fa bene a Dubai". Ma ne potremmo dedurre un altro da tutto ciò che ha fatto in vita: agisci prima e sorpassa la concorrenza. Il porto inaugurato nel 1960 rimase il porto principale di Dubai per solo una decina d'anni; Rashid lo considerava comunque troppo piccolo per le navi che dominavano il commercio internazionale. Decise quindi che avrebbe costruito un nuovo porto che avrebbe portato il suo nome, **Port Rashid**, e che sarebbe stato finanziato con i proventi derivanti dal petrolio. Si rivelò il più grande progetto di movimentazione di terra nella storia di Dubai. Il piano originario prevedeva quattro attracchi, che non soddisfecero minimamente lo sceicco, che ne aumentò il numero a sedici; il progetto finale ne avrebbe contati 35. Il primo attracco di Port Rashid divenne operativo nel 1971 e segnò il vero boom di Dubai, che iniziò ad essere inondata di stranieri: uomini d'affari, lavoratori, investitori, avventurieri. La popolazione crebbe dalle 60.000 unità del 1960, alle 100.000 del 1970, alle 276.000 del 1980, ampliando di pari passo l'estensione della città.

Rashid non si fermò. Aveva un altro obiettivo: voleva che Dubai diventasse un centro dell'industria navale. Nel 1971 commissionò uno studio di fattibilità per la costruzione di un bacino di carenaggio dove le grandi imbarcazioni potevano essere trasportate e lì riparate. Come per l'aeroporto, anche in questo caso c'era un vicino concorrente, il Bahrein, che aveva la stessa ambizione e che era appoggiato dai maggiori esportatori di petrolio arabi. Gli inglesi consigliarono per il no, sostenendo che non vi era necessità di due infrastrutture simili distanti poche centinaia di chilometri l'una dall'altra, tanto più che la cantieristica navale mondiale era all'epoca in recessione. Rashid fu dissuaso da più parti, ma non cedette: era certo che la mossa migliore era quella di competere con il Bahrein. L'investimento era esorbitante e per alcuni alquanto folle. Ma niente a che vedere con i successivi annunci di Rashid: la costruzione della colossale fonderia Dubai Aluminium (al costo di 1,4 miliardi di dollari) e quella del Dubai World Trade Centre, un grattacielo in pieno deserto. Finì che tutti e tre i progetti furono realizzati a tempi record: il Dubai World Trade Centre nel 1978, il Dubai Aluminium nel 1979 e il Dubai Drydocks aprì nel 1983.

C'è un ultimo e più imponente progetto ideato da Rashid, che sconcertò il mondo. Lo sceicco annunciò che avrebbe costruito un altro porto nella zona più remota di Dubai, a Jebel Ali, circa 35 chilometri dal creek. Lo stupore derivava dal fatto che Jebel Ali non presentava alcun porto naturale; era solo una spiaggia di coralli dove i locali erano soliti campeggiare. Ogni millimetro del nuovo porto avrebbe dovuto essere scavato dal litorale sabbioso e il canale dragato attraverso i fondali corallini. Il progetto avrebbe trasformato la piccola Dubai in un centro con una capacità di ancoraggio superiore addirittura alla baia di San Francisco: 66 attracchi, al costo di 1,6 miliardi di dollari. Il **porto di Jebel Ali**, inaugurato nel 1979, è il porto costruito interamente dall'uomo più grande al mondo.

Tutti questi investimenti hanno fatto in modo che il piccolo emirato di Dubai si distinguesse dai suoi vicini ricchi di petrolio. L'Arabia Saudita o il Kuwait hanno utilizzato la loro ricchezza mineraria per incentivare stili di vita facili e burocrazie strapagate o per investire in azioni e titoli all'estero. Al contrario, Dubai, con la sua modesta riserva petrolifera, ha scelto di percorrere una strada diversa, ossia di investire nella diversificazione economica. Quanto più lo sceicco Rashid finanziava porti, industrie e aeroporti, tanto più l'economia cresceva.

Oggi Dubai è la capitale del commercio in Medio Oriente, il suo principale centro finanziario e il maggior beneficiario degli investimenti esteri, sede di numerose imprese straniere e proprietario del più grande porto e del più grande aeroporto della regione e gli "azzardi" degli anni '50, '60 e '70 di Rashid ne sono largamente responsabili.

Dubai ai giorni nostri

Arriviamo agli anni '80 e, per quella data, Dubai ne aveva fatta di strada. Ma proprio quella decade, a causa del conflitto Iran-Iraq, si rivelò il più rallentato dagli anni '50: gli affari languivano sia presso l'aeroporto che presso il porto Jebel Ali. Fortunatamente il principe ereditario Mohammed, che salì al trono ufficialmente nel 2006, aveva idee ben precise su come guidare la seconda fase dello sviluppo di Dubai. Il suo obiettivo era quello di trasformare la città nella meta turistica più agognata dal turismo mondiale. Ma c'era molto da fare in questa prospettiva: negli anni '80 Dubai non aveva ancora molti hotel - l'unico grande resort turistico era il Chicago Beach Hotel - e non possedeva una propria compagnia aerea. Ma Mohammed non ci mise molto a dichiarare che ne avrebbe presto avviata una. E infatti così fu: con una flotta di quattro velivoli, la Emirates Airlines inaugurò il primo volo verso Karachi il 25 ottobre 1985. Solo cinque anni più tardi, la neonata compagnia era già in grado di raggiungere ventuno città, tra cui Londra, Francoforte e Singapore. Da allora Emirates non ha smesso di tagliare traguardi e di ampliarsi con costanza; ha chiuso il 2015, nel suo trentesimo anniversario, movimentando 51,3 milioni di passeggeri, su un totale di oltre 186.000 voli, a bordo di 246 aeromobili in servizio, toccando 150 città e incassando profitti per 1,2 miliardi di dollari. Lo sviluppo della compagnia di bandiera è stato assolutamente determinante per l'espansione di Dubai, una città che dipende del tutto dal trasporto aereo.

Ovviamente una compagnia aerea con tali tassi di crescita aveva bisogno di un aeroporto che la rispecchiasse in modo adeguato. Se nel 1969 l'aeroporto di Dubai, con nove compagnie che raggiungevano venti destinazioni, era per lo più un appezzamento di terra malconcio dotato solo di una specie di capannone dove pochi ufficiali accaldati rilasciavano timbri sui passaporti, nel 1980 era già un aeroporto che aveva triplicato le destinazioni a una sessantina e le compagnie che vi operavano a una trentina. Nel 2007 il **Dubai International** era diventato l'ottavo aeroporto internazionale più grande al mondo, con 118 vettori, 202 destinazioni raggiunte e circa 40 milioni di passeggeri; ad oggi ha superato lo scalo londinese di Heathrow diventando il terzo hub mondiale per numero di passeggeri internazionali, che hanno toccato la cifra di 78 milioni nel 2015.

La rapida crescita di Dubai come hub internazionale ha visto in breve tempo necessaria la costruzione di un secondo aeroporto, l'Al Maktoum International Airport (AMIA), che avesse come obiettivo non solo di diminuire la pressione sul Dubai International (la cui capacità massima è calcolata in 90 milioni di passeggeri annui), ma soprattutto di diventare il maggiore aeroporto al mondo, in grado di movimentare 220 milioni di passeggeri all'anno entro il 2020. Il Maktoum International Airport, ora rinominato **Dubai World Central (DWC)**, è stato inaugurato nel 2010 e si trova all'interno del Dubai South (prima chiamato Dubai World Central), la più grande area economica, residenziale e logistica degli EAU attualmente in costruzione.

E sul versante dell'ospitalità? Anche in questo caso non sorprende che lo sceicco Mohammed cullasse sogni di grandezza. Non perse tempo e nel 1993 commissionò all'architetto londinese Tom Wright la costruzione del primo grandioso edificio di Dubai, che, nel 1999 quando inaugurò, ne diventò subito l'icona: il **Burj Al Arab**. A forma di vela, è il terzo hotel più alto al mondo, e uno dei più lussuosi, con 202 gigantesche suits, due per piano, che costano tra i 2.000 e i 7.000 dollari a notte (la royal suite può raggiungere anche i 24.000 dollari a notte). A tutto ciò si aggiunge il fatto che il Burj Al Arab non si erge sulla costa, ma in posizione dominante su un'isola artificiale appositamente costruita e collegata alla terraferma da un ponte di 280 metri. Il costo totale di realizzazione di tutto il progetto è stimato tra i 650 milioni e i 2 miliardi di dollari e alcune voci dicono che, anche con una occupazione al 100% su 100 anni dell'intera struttura, lo sceicco Mohammed, che ne è proprietario, non rientrerebbe dell'investimento. Tuttavia, non era questo il suo obiettivo. Il suo obiettivo era quello di trasformare Dubai nella Mecca del turismo occidentale e, in mancanza di forti attrattive storico-culturali, di concepire l'idea stessa di hotel come destinazione e attrazione turistica. Il Burj Al Arab esemplifica perfettamente tale concetto. Nel 2008 la città possedeva già la più alta concentrazione di hotel di lusso al mondo, 350 per la precisione, con una capacità totale di 40.000 camere. Nel 2015 i turisti attratti da Dubai sono stati 14,2 milioni, rendendola la quarta destinazione più visitata al mondo.

Tornando a parlare di realizzazioni iconiche, Dubai non si è fermata, prevedibilmente, al Burj Al Arab. È infatti ormai famosa la sua reputazione di "costruttrice di isole". La leggenda racconta che, a un certo punto, lo sceicco Mohammed volesse più spiagge per la sua città, ormai meta frequentatissima del turismo occidentale. Per iniziare, si rivolse al designer australiano Warren Pickering, che tracciò sulla carta quella che sarebbe diventata Palm Jumeirah, uno dei lavori più folli realizzati a Dubai, sintetizzato dalle parole di Mohammed: "un sogno, il progetto più grande mai immaginato prima".

Palm Jumeirah, i cui lavori iniziati nel 2001 sono terminati nel 2006, è un'isola artificiale a forma di palma, il simbolo nazionale dell'emirato, consistente di un tronco e di una chioma con 17 rami, racchiusi da una mezzaluna lunga 11 km. Realizzata utilizzando circa 100 milioni di m³ tra roccia e sabbia, che veniva prelevata dal fondo marino e "spruzzata" sopra il basamento di roccia appena creato, ha dato a Dubai una sessantina di chilometri in più di spiaggia. L'isola è collegata alla terraferma da un ponte di 300 metri e da un tunnel sottomarino ed è una delle destinazioni vacanziere predilette a Dubai: presenta 500 appartamenti, 2.000 ville, 25 hotel (tra cui il colossale resort Atlantis da 1.539 camere) e 200 negozi di lusso.

Palm Jumeirah non è solo l'isola più grande al mondo costruita interamente dall'uomo, ma è stato anche il più bizzarro affare residenziale nella storia di Dubai. Mohammed decise di mettere sul mercato le residenze a un prezzo inferiore a quello atteso, interessato più a fare il tutto esaurito velocemente, che a ottenere profitti. Presto gli speculatori ne approfittarono, comprando e rivendendo ville a ciclo continuo, e i prezzi andarono alle stelle, quando ancora non era stata posata nemmeno la prima pietra: se il costo iniziale per le 2.000 residenze era di 1,3 milioni di dollari, nel 2008 all'apice della loro valutazione il prezzo aveva raggiunto la sorprendente cifra di 9,5 milioni di dollari.

Dubai come "costruttrice di isole" vuol dire, evidentemente, che a Palm Jumeirah sono seguiti progetti simili. E infatti Palm Jumeirah era la prima di un vasto complesso dal nome di Palm Islands, che avrebbe dovuto includere, oltre Palm Jumeirah, **Palm Jebel Ali** e Palm Deira. Riguardo Palm Jebel Ali, i lavori sono iniziati nel 2002 e poi interrotti, a causa del crollo immobiliare del 2009. Vi sono stati forti dubbi che sarebbero effettivamente ripresi ma è del 2015 la notizia che Palm Jebel Ali non sarà cancellata ma sarà un progetto da realizzarsi sul lungo periodo; d'altro canto è un'isola progettata per essere otto volte più grande di Palm Jumeirah, con costi elevatissimi! Palm Deira, invece, che in origine, nel 2004, doveva essere ancora più grande di Palm Jebel Ali e prevedeva un investimento folle da 11 miliardi di dirham (la valuta locale) e 8.000 residenze, è stata in tempi recenti notevolmente ridimensionata e rinominata **Deira Islands**. Il nuovo progetto è composto da quattro isole, dal costo totale di 550 milioni di dirham (circa 150 milioni di dollari), e le prime due dovrebbero essere realizzate entro i prossimi anni. L'elenco dei colossali progetti di Dubai è ancora lungo.

Il **Burj Khalifa**, per esempio, precedentemente conosciuto con il nome di Burj Dubai, è il più alto grattacielo di Dubai e del mondo, con un'altezza di 829,8 metri (quasi due volte più alto dell'Empire State Building) - ma ancora per poco: è di quest'anno l'annuncio che entro il 2020, in tempo per il Dubai World Expo, verrà realizzato un nuovo grattacielo ancora più alto dall'architetto spagnolo Santiago Calatrava Valls. La torre dal design futuristico di Calatrava sarà la punta di diamante del progetto del **Dubai Creek Harbour**, che si prevede diventerà uno dei posti turistici e residenziali più importanti della città con nove distretti residenziali, 22 hotel, uno yatch club, una marina, un porto e, appunto, la torre di Calatrava come fiore all'occhiello.

La struttura architettonica del Burj Khalifa, ispirata al fiore Hymenocallis, presenta tre altissimi cilindri con un nucleo al loro interno e sale seguendo la forma di una spirale, o di un minareto. Iniziato nel 2004, è stato ufficialmente aperto al pubblico il 4 gennaio 2010, ed è costato 1,5 miliardi di dollari. Uno dei più noti inquilini del Burj Khalifa è Giorgio Armani, che occupa il 37° piano del grattacielo con il suo Armani Hotel. Come è prassi per Dubai, il Burj Khalifa taglia diversi traguardi: solo per citarne alcuni, la sua punta è visibile fino a 95 chilometri di distanza, i suoi ascensori sono i più veloci al mondo (18 m/s) ed è l'edificio con più piani (163).

Un'altra colossale impresa avviata da Dubai è il **Waterfront**, un agglomerato di isole e canali artificiali i cui lavori sono ancora in corso, che per portata è la più grande costruzione architettonica di questo tipo al mondo. Le isole artificiali, dalla forma ad arco, faranno da riparo a Palm Jebel Ali e occuperanno tutto il resto della linea costiera del Golfo Persico controllata da Dubai, aggiungendo altri 70 chilometri di costa all'emirato. Il Waterfront sarà un'ampia area eterogenea con residenze, zone commerciali, resort, attrazioni varie, con l'obiettivo di "creare un luogo di prima categoria per residenti, turisti e uomini d'affari nella città in più rapida evoluzione al mondo".

Aggiungiamo **The World**, un incredibile arcipelago artificiale da costruirsi a quattro chilometri dalla costa di Dubai, costituito da 300 isolotti che nell'insieme hanno la forma del globo terrestre. La sua costruzione ebbe inizio nel 2003 ma subì una brusca frenata del 2008 a seguito della crisi economica e finanziaria. Sebbene il 70% delle isole all'epoca erano già state vendute a privati (Richard Branson, per esempio, fece subito sua l'isola che rappresentava la Gran Bretagna) o fondi d'investimento internazionali, i lavori per la maggior parte non iniziarono per nulla, tanto che a fine 2013 solo due isole erano state completate. Nel 2014 è stato lanciato il progetto "The Heart of Europe", che finalmente riprende mano alla costruzione e che prevede di realizzare un cluster di sei isole, le prime delle quali saranno quelle corrispondenti alla Svezia e alla Germania. Gli edifici, tra resort, ristoranti e residenze, queste ultime chiamate "floating seahorses" (cavallucci marini galleggianti), toccheranno ovviamente standard di lusso elevatissimi.

E concludiamo con il **Dubai Sky Dome**, una pista da sci indoor in pieno deserto! Il complesso si estende su 22.500 metri quadrati e offre ben 2 piste, di diversa difficoltà, lunghe entrambe circa 400 metri e con un dislivello di 60 metri. Le piste, lo snowpark e il rifugio in stile alpino sono serviti da una seggiovia quadriposto e da uno skilift. Sono presenti anche la scuola sci, una pista per slittini e un acquario dei pinguini.

Dubai, com'è noto, non è però solo un'attrattiva turistica e residenziale, centro del lusso e della ricchezza, tutt'altro. È il paese del business, degli affari, è il paese dove investire, dove aprire attività imprenditoriali e cogliere tutte le opportunità che l'economia emiratina offre. Dopo questo excursus storico, che ci ha portato fino ai giorni nostri, vediamo adesso perché gli Emirati Arabi Uniti sono considerati una meta di business privilegiata.

I CAPITOLO
Perché fare business negli Emirati Arabi Uniti

Gli EAU: caratteristiche del sistema Paese

Chi sono gli Emirati Arabi Uniti? Come sono composti? Quali sono i tratti salienti che li contraddistinguono? Se non avete saltato l'excursus storico che fa da cornice all'intero libro, a queste domande probabilmente potreste già rispondere. Tuttavia, la parte storica è un approfondimento che potete leggere a vostra discrezione. Il nucleo di questo libro sugli Emirati Arabi e su Dubai in particolare parte essenzialmente da qui. Quello che ci interessa nello specifico sono gli aspetti legati al mondo del business e imprenditoriale, all'internazionalizzazione d'impresa, alle forme societarie etc. Iniziamo subito, quindi.

Se state prendendo in considerazione gli EAU come possibile destinazione di progetti imprenditoriali che volete realizzare all'estero, la prima cosa più sensata da fare è conoscere nel dettaglio il Paese, anche nei suoi aspetti generali, culturali, politici, oltre che ovviamente economici. Un Paese è un sistema e un sistema è definito da tante componenti, come appunto la geografia, la composizione sociale, l'impostazione religiosa, politica e economica, che lo rendono specifico. Entrare in un Paese straniero con un'attività imprenditoriale richiede un minimo di conoscenza di tutte queste componenti. Ho pensato fosse di più facile consultazione organizzarle in una griglia, così da rintracciare più velocemente le informazioni che occorrono in qualsiasi momento.

Tabella n.1

ASPETTI GENERALI	
Composizione	• Sette emirati: Abu Dhabi, Dubai, Sharjah, Ajman, Umm Al-Quwain, Ra's Al-Khaimah, Fujayrah
Superficie	• 83.600 kmq di superficie totale, di cui l'85% occupati dall'Emirato di Abu Dhabi (Ajman è l'Emirato più piccolo e misura soltanto 250 kmq). • Gli EAU occupano la zona a sud-ovest della penisola araba e confinano con il Qatar a nord-ovest, con il golfo di Oman a nord-est, con l'Oman a est, con l'Arabia Saudita a ovest e a sud.
Capitale e città principali	• La capitale è Abu Dhabi. • Dubai City è il principale centro commerciale e finanziario. • Altre città di rilievo sono: Sharjah, Al-Ain, Ajman, Ra's Al-Khaimah, Fujayrah, Umm Al-Quwain, Khor Fakkan, Dibba.
Forma di governo	• Gli EAU sono una federazione di monarchie assolute. • Il capo assoluto è il presidente della federazione. • Il governo comprende: il Consiglio Supremo, il Consiglio Federale dei Ministri, il Consiglio Nazionale Federale. • Le cariche di Presidente e di Primo Ministro, anche se per elezione, sono sempre ereditarie. • Per consuetudine, il Presidente è lo sceicco di Abu Dhabi e il Primo Ministro lo sceicco di Dubai. • Ognuno dei sette emirati mantiene un'ampia autonomia per gli affari locali e dispone di un proprio esercito.

Popolazione	• 9,29 milioni di abitanti • Le stime di crescita prevedono che la popolazione toccherà i 10,4 milioni di abitanti entro il 2020. • Composizione: 69,5% maschi e 30,5% femmine • Lo squilibrio tra popolazione maschile e femminile è dovuta al fatto che la forza lavoro immigrata è composta per lo più da uomini non accompagnati dalla famiglia. • Gli immigrati costituiscono circa l'85% dell'intera forza lavoro. • Popolazione molto giovane e urbanizzata: l'età media è di 33,5 anni e l'89,5% vive nei centri urbani. • L'alfabetizzazione è del 92% (ma tra gli immigrati la percentuale scende fino a circa il 20%). • Il tasso di disoccupazione è tra i più bassi al mondo (4,2%).
Etnie	• Gli EAU hanno una popolazione molto eterogenea. • La popolazione autoctona emiratina è araba. • La maggioranza degli immigrati proviene dal subcontinente indiano (50%): indiani per primi, poi pakistani e infine bengalesi. • Numerosa anche le comunità asiatiche: iraniani, cinesi, thailandesi, filippini, coreani, afgani. • Considerevoli anche gli abitanti provenienti da Europa, America, Australia e Sudafrica. • Gli immigrati costituiscono circa l'80% dell'intera forza lavoro del Paese.
Clima	• Subtropicale arido, con estati caldo-umide (da maggio a ottobre) e temperature con punte oltre i 40 gradi e inverni miti con scarse precipitazioni e temperature che oscillano tra i 19 e i 28 gradi.
Territorio	• Prevalentemente desertico e pianeggiante, con qualche rilievo collinare non più alto di 200 metri. • Lungo la fascia costiera nord orientale è possibile trovare oasi verdi, mentre le zone costiere del golfo sono caratterizzate soprattutto da saline.
Moneta	• Dirham. • Sigle: AED, Dhs, DH. • Tasso fisso con US$ pari a 3.67 Dhs.

Lingua	• L'arabo è la lingua ufficiale.
	• L'inglese è la lingua commerciale.
	• Altre lingue parlate corrispondono ai gruppi etnici presenti nel Paese: hindi, urdu, malayalam, tamil, farsi (persiano), tagalog (filippino), bengali e altre.
Religione	• L'Islam è la religione ufficiale e predominante.
	• Si respira tuttavia un clima di tolleranza verso tutte le altre religioni presenti.
	• Altre comunità: cristiani (9%), induisti, buddisti, ebrei, parsi e altri (15% in totale).
Usi, costumi e tradizioni	• Il Paese è moderno e tranquillo, ma tradizionalista per alcuni aspetti.
	• Uomini e donne devono astenersi dal mostrare segno d'affetto in pubblico e, in generale, sono sconsigliati atteggiamenti e modi di vestire provocatori.
	• È vietato bere bevande alcoliche in pubblico e, durante il periodo di digiuno del Ramadam, anche mangiare e fumare in pubblico.
	• Gli uomini emiratini indossano solitamente una lunga tunica bianca chiamata "kandura" o "dishdasha" e un copricapo chiamato "keffiyeh". Le donne indossano una lunga tunica nera nota come "abaya" e un velo nero leggero sul capo.
Calendario emiratino	• Si segue il calendario occidentale, ad esclusione delle feste religiose che rispettano il calendario islamico Hijra (e il cui periodo varia di anno in anno).
	• Le più importanti feste islamiche sono: la festa di Eid Al-Adha, o Festa Grande, che conclude il pellegrinaggio alla Mecca (Hajj), e la festa di Eid Al-Fitr che segna la fine del mese di Ramadan.
	• I giorni festivi durante la settimana sono il venerdì e il sabato: questo significa che i rapporti con il mondo occidentale si collocano dal lunedì al giovedì.

ASPETTI POLITICI	
Situazione politica attuale	• Estrema stabilità. • Khalifa Bin Zayed bin Sultan Al Nahyan, noto come Shaikh Khalifa, è lo sceicco di Abu Dhabi dal 2004. • Mohammed bin Rashid Al Maktum è lo sceicco di Dubai dal 2006. • Sia la famiglia reale di Abu Dhabi Al Nahyan, sia la famiglia reale di Dubai Al Maktum sono al potere fin dalla nascita dello stato.
Sistema giudiziario	• La giurisdizione ordinaria è affiancata dai tribunali islamici che applicano la Shari'a (la legge coranica), per controversie in materia di diritto di famiglia e successione e in materia religiosa. • L'emirato di Abu Dhabi ha esteso la competenza dei tribunali della Shari'a anche alle controversie civili e commerciali.
ASPETTI MACRO-ECONOMICI	
PIL (in mld di dollari)	• 2014: 399.45 • 2015: 370.29 • Q4/16: 403 (stima)
Crescita del PIL (var %)	• 2014: 4,6% • 2015: 3,9% • Q4/16: 2,4% (stima) • La crescita percentuale del PIl degli EAU si è attestata su una media del 4,76% negli anni dal 2000 al 2015, con un picco del 9,80% nel 2006 e un tonfo del -5,2% nel 2009 dovuto alla crisi finanziaria globale. • Dal 2011 l'economia emiratina ha ripreso a crescere progressivamente. • Gli indicatori economici del Paese testimoniano tassi di crescita del PIL sempre positivi, ma in contrazione: nel quadriennio 2016-2020 si stima una percentuale di crescita intorno al 2,3% con un picco del 4,3% nel 2020.

Composizione del PIL	• Agricoltura: 0,7% • Oil&gas: 32% • Industria (costruzioni, industria manifatturiera, produzione di energia elettrica): 22% • Servizi (real estate, turismo, commerci, trasporti e servizi statali): 46% • La quota di produzione di idrocarburi è scesa dal 43% del 2001 al 32% del 2015, grazie ad una lungimirante politica di diversificazione dell'economia attuata dal governo, e anche a causa del crollo del prezzo del greggio verificatasi a partire da metà 2014. • Simultaneamente il settore dei servizi è cresciuto dal 37 al 46% nel periodo 2001-2015: il turismo è stato al centro delle politiche di espansione del Paese, insieme ai trasporti e ai commerci che sono cresciuti in tandem con l'affermazione degli EAU come hub regionale logistico.
PIL pro-capite (in dollari)	• 2014: 38.622,70 • 2015: 39.543,71 • Q4/16: 39.695 (stima) • Il PIL pro-capite degli EAU è uno dei più alti del mondo.
PIL pro-capite PPA (in dollari)	• 2014: 64.562,62 • 2015: 66.102,19 • Q4/16: 67.900 (stima) • Il PIL pro-capite PPA (Parità di Potere d'Acquisto) degli EAU si è attestato su una media di 90.339,78 dollari dal 1990 al 2015, raggiungendo un record positivo di 114.518,83 dollari nel 1990 e un record negativo di 57.406,74 dollari nel 2010.
Debito pubblico	• 2014: 45,4% del PIL • 2015: 52,1% del PIL • Gli EAU si collocano in 77° posizione nella classifica mondiale[1].
Inflazione	• 2016: 2,90% (stima) • Si stima un trend del 3,3% dal 2017 al 2020.

[1] https://www.cia.gov/library/publications/the-world-factbook/rankorder/2186rank.html#ae

Esportazioni (in mld di dollari)	• 2014: 370.60 • 2015: 333.31 • Q4/16: 274.96 (stima) • La previsione di crescita da qui a quattro anni calcola che le esportazione arriveranno a toccare circa i 457 miliardi di dollari nel 2020. • Beni esportati: greggio (45%), gas naturale, riesportazioni (oro grezzo, materie plastiche, veicoli, telefonia, prodotti alimentari, fibre di vetro), datteri. • Dagli anni '80 ad oggi la quota di export diretta verso le economie avanzate (soprattutto, Unione Europea e Giappone) si è ridotta considerevolmente e si è orientata a favore dei Paesi asiatici (Hong Kong, Malaysia, Singapore, Corea del Sud, Taiwan, Thailandia), del Medio Oriente, dell'Iran e dell'India. • Il cambio di destinazione è simultaneo alla crescente quota dell'export non-oil e delle riesportazioni favorito dall'influenza maggiore esercitata dell'area Asia-Pacifico.
Importazioni (in mld di dollari)	• 2014: 239.79 • 2015: 243.93 • Q4/16: 247.19 • La previsione di crescita da qui a quattro anni calcola che le importazioni arriveranno a toccare circa i 299 miliardi di dollari nel 2020. • Beni importati: oro e manufatti d'oro finiti e non (15%), veicoli e parti di essi (7%), diamanti (6%), prodotti chimici, prodotti alimentari. • I principali fornitori dell'import degli EAU sono: Cina (15,5%), India (12,7%), USA (9,6%), Germania (6,8%), UK (4,3%), Italia (3,1%).
Economic Complexity Index (ECI)	• Questo indice misura il numero di beni prodotti da un'economia e lo mette in relazione con la presenza di quegli stessi beni prodotti in altri Paesi, per misurarne la complessità dell'export. • Gli EAU si situano al primo posto rispetto agli altri Paesi del GCC, ossia Arabia Saudita, Kuwait, Oman e Qatar.

Politica economica	• L'economia emiratina è un'economia liberista, che mostra un'elevata propensione al commercio con l'estero in un regime di libero scambio e una forte apertura agli investimenti ester • Agli investitori stranieri è consentito operare nelle zone franche (Free Trade Zones) o nel mainland. • Le attività costituite nelle free zones godono di benefici e agevolazioni. • Nel mainland agli investitori stranieri non è consentito possedere una quota superiore al 49% del capitale sociale: il 51% deve essere detenuto da un partner locale.
Investimenti esteri diretti (in mld di dollari)	• 2014: 116.4 • 2015: 126.4 • Gli EAU si collocano in 41° posizione nella classifica mondiale[2] per predisposizione agli investimenti da parte di soggetti esteri in un Paese.
Situazione finanziaria	• Il totale degli asset bancari è il maggiore di tutto il mondo arab • Insieme ai fondi sovrani, gli EAU si situano tra i Paesi con il più alto asset finanziario a livello globale. • Nel 2000 è nata la prima borsa valori, il Dubai Financial Market (DFM), prevalentemente regionale. • Nel 2002 è stato inaugurato il Dubai International Financial Centre (DIFC), una zona franca finanziaria federale che si propone come piattaforma per facilitare la libera circolazione dei capitali nei mercati emergenti all'interno di un'infrastruttura giuridica, commerciale e fisica regolata secondo standard internazionali. • Nel 2005 apre il Dubai International Financial Exchange (DIFX) per rafforzare il collegamento tra mercato regionale e mercati internazionali, rinominato nel 2008 Nasdaq Dubai.
Consumer Confidence Index	• Il Consumer Confidence Index fa parte del "Global Survey of Consumer Confidence and Spending Intentions" condotto da Nielsen e misura il livello di ottimismo che i consumatori di un Paese hanno verso le prospettive lavorative, le finanze personali e le intenzioni di spesa: un indice superiore a 100 indica ottimismo, inferiore a 100 pessimismo. • L'indice degli EAU registrato nel Q2-2016 è di 109[3].

---

[2] https://www.cia.gov/library/publications/the-world-factbook/rankorder/2198rank.html#ae
[3] http://www.nielsen.com/us/en/insights/reports/2016/q2-2016-consumer-confidence-report.html

Indice di competitività paese	• Gli EAU hanno ottenuto un punteggio di 5.26 su 7 per il periodo 2016-2017 nel "Global Competitiveness Report" pubblicato dal World Economic Forum. • Il report analizza 110 variabili, organizzate in 20 aree tra cui le più importanti includono le istituzioni, le infrastrutture, il quadro macroeconomico, la sanità, l'istruzione, e costituisce una delle più importanti ricerche sulla competitività globale monitorando la performance economica annuale dei diversi Paesi in termini di debolezze, punti di forza, impatto sulla qualità della vita, prosperità e benessere delle persone.
Grado di competitività paese	• Gli EAU è la 20° nazione più competitiva e influente tra le 138 analizzate dal "Global Competitiveness Report" nell'edizione 2016-2017. • L'obiettivo degli EAU è quello di entrare nei primi 10 Paesi entro il 2021.
Ease of doing business	• L'ease of doing business (la facilità di fare impresa) è una classifica stilata dalla Banca Mondiale che valuta quanto l'ambiente normativo di un Paese è favorevole alle operazioni commerciali (1=normativa più business friend • Gli EAU si collocano al 31° posto[4].

1.2. Gli EAU come centro del business internazionale

Concentriamoci ora sui motivi per cui gli EAU sono considerati come una delle principali piazze d'affari del Medio Oriente, centro di commerci internazionali e di attività di ri-esportazione. Quello che salta subito agli occhi, dalla cornice storica che fa da premessa, è l'estremo dinamismo e l'intraprendenza che ha caratterizzato Dubai nel passato e che tuttora lo caratterizza, facendo di queste qualità una specie di suo esclusivo marchio di fabbrica. Se Dubai vuole fare una cosa, per lo più la ottiene, in un lasso di tempo ridottissimo. Anche gli altri emirati, con Abu Dhabi in testa, hanno adottato nel tempo lo stesso approccio facendo del Paese nel suo complesso una delle più importanti e dinamiche realtà dell'intera regione. Ma vediamo una per una le qualità salienti che lo hanno reso il centro del business internazionale nella regione:

1. Economia competitiva, diversificata e flessibile

Nella premessa storica abbiamo visto come Dubai è stato il primo emirato a decidere con lungimiranza di non puntare tutto sul

---

[4] http://data.worldbank.org/indicator/IC.BUS.EASE.XQ

petrolio, essenzialmente per due ragioni: prima di tutto perché, rispetto ad Abu Dhabi, Dubai ne possiede poco (Abu Dhabi detiene da solo il 94% delle riserve petrolifere del Paese) e, essendo stato scoperto relativamente tardi (nel 1966, mentre Abu Dhabi era già attivo dal 1958), l'emirato aveva già provveduto a scegliere strade diverse per il suo sviluppo; e inoltre perché Dubai aveva già commesso un errore simile in passato, quando agli inizi del '900 la sua intera economia era basata sul commercio delle perle, che era crollato rovinosamente e improvvisamente a seguito del crack del 1929, lasciando l'emirato a dover affrontare il peggior momento della sua storia recente.

Allo stesso modo si sono comportati gli EAU nel suo complesso. Già lo sceicco Zayed, il padre della nazione, diceva che "oil is of no use unless it is used in the service of the people" (il petrolio non è di nessuna utilità se non viene messo al servizio delle persone"). I proventi petroliferi sono stati fin dagli inizi adoperati per sviluppare infrastrutture e trasformare una confederazione di stati prevalentemente rurali e commerciali in un importante hub economico regionale. Gli obiettivi di crescita degli EAU sono tutt'oggi ambiziosi e fermamente orientati a una sempre maggiore **diversificazione economica**, allo scopo di, in un prossimo futuro, poter celebrare l'ultimo barile di petrolio esportato.

Sebbene gli EAU siano il quinto produttore al mondo di petrolio e gas naturale con riserve che rappresentano il 9,4% del totale mondiale, l'incidenza delle rendite oil&gas sulla formazione del PIL del Paese è solo del 32%, mentre il contributo del settore dei servizi raggiunge il 46% (vedi tabella n.1).

La lungimirante politica di diversificazione dell'economia si è rivolta in un primo tempo alle produzioni collegate all'oil&gas, dall'industria petrolchimica ai fertilizzanti, al cemento e all'alluminio, per passare poi alla produzione manifatturiera, al turismo e, in generale, al settore dei servizi.

Concentriamoci sui due principali emirati.

- Abu Dhabi ha intensificato negli ultimi dieci anni i suoi sforzi per sviluppare un'economia diversificata e autosufficiente nei confronti delle fluttuazioni del prezzo del petrolio, del mercato azionario e di quello immobiliare. Si è inoltre focalizzato a rendere il Paese sempre più attrattivo per gli investimenti e a tal proposito ha varato, nel 2008, l'**Abu Dhabi Economic Vision 2030**, un progetto economico che delinea le misure sul lungo periodo che il governo intende attuare per conseguire ambiziosi obiettivi di crescita orientati decisamente verso la diversificazione economica. Questa la dichiarazione d'intenti: "Abu Dhabi as a sustainable, diversified, highvalue-added economy that encourages enterprises and entrepreneurship and well integrated in the global economy, leading to better opportunities for all".

L'Abu Dhabi Economic Vision 2030 si sviluppa secondo 7 pilastri:

1. creazione di un ambiente di business aperto, efficiente, efficace e ben integrato a livello globale;
2. adozione di una politica fiscale rigorosa, che reagisca efficacemente ai cicli economici;
3. costituzione di un ambiente di mercato fiscale e monetario resiliente e con livelli gestibili di inflazione ;
4. attuazione di significativi miglioramenti per rendere più efficiente il mercato del lavoro;
5. sviluppo di infrastrutture flessibili ed adeguate a supportare la prevista crescita economica;
6. attivazione dei mercati finanziari come principali finanziatori del settore economico e dei progetti in pipeline.

- Dubai, per parte sua, ha abbracciato la diversificazione economica fin dagli inizi del suo sviluppo, come abbiamo visto. L'emirato è da molto tempo considerato una grande forza economica e una delle principali piazze d'affari del Medio Oriente, centro di commerci internazionali e di attività di ri-esportazione, capace di attirare investitori e imprenditori da tutto il mondo.

Il PIL di Dubai è costituito per solo il 2% dal settore oil&gas, mentre sono gli altri i settori che trainano l'economia, e in particolare:

- il turismo, che contribuisce per il 5,4% del PIL;
- il commercio, settore che nel 2015 ha registrato il maggior tasso di crescita arrivando a coprire il 28,4% del PIL;
- il settore dei trasporti, del warehousing (magazzinaggio) e

delle comunicazioni, che pesa per il 15,8% del PIL;
- il settore immobiliare, che, grazie alle normative adottate per regolamentarne e controllarne l'attività, si è prima stabilizzato e poi è tornato a crescere, fino a raggiungere quota 15,2% del PIL;
- l'industria manifatturiera, che contribuisce per l'11,1% del PIL ed è considerata uno dei settori trainanti dello sviluppo recente, reso evidente dalla crescita dell'export nazionale di prodotti industriali, come macchinari, attrezzature meccaniche e di trasporto, metalli di base, sostanze chimiche etc.
- il settore delle costruzioni, che copre l'8,1% del PIL

2. Stabilità politica

Gli EAU godono di una situazione politica il cui segno distintivo è la stabilità, che, insieme a quella sociale, è una di quelle caratteristiche che in un Paese condizionano fortemente la fiducia degli investitori.

Sia la famiglia Al Nahyan di Abu Dhabi che la famiglia Al Maktoum di Dubai sono al potere fin dalla nascita dello stato e, grazie ad una generosa distribuzione dei proventi petroliferi e di politiche di welfare particolarmente attente ai cittadini, godono del totale appoggio della popolazione di nazionalità emiratina.

In considerazione degli episodi della cosiddetta "primavera araba", gli EAU hanno agito preventivamente su due fronti: attraverso un costante e capillare lavoro di intelligence sul territorio e attraverso interventi di sostegno alle regioni e ai settori meno sviluppati.

Seppur permangono tensioni nella regione mediorientale che non permettono di escludere il rischio di possibili episodi terroristici, gli EAU non sono mai stati fino ad oggi oggetto di atti di tale natura e anzi sono molto attivi nel prevenirli. Vale anche la pena sottolineare che non è presente sul territorio nessun tipo di conflitto etnico-religioso.

Secondo il Global Terrorism Index, che misura l'impatto del terrorismo diretto e indiretto su un Paese e il cui punteggio varia da un minimo di 0 (nessun impatto) a un massimo di 10 (alto impatto), gli EAU hanno registrato nel 2015 un indice di 1.05.

3. Infrastrutture all'avanguardia

Un ambiente favorevole agli affari è tale quando il Paese possiede una buona rete infrastrutturale, che agevola la movimentazione di persone e merci. Lo stato delle infrastrutture in EAU è eccellente, grazie ad un sistema integrato di trasporti, sia portuale che aeroportuale, ferroviario e stradale, in continua evoluzione e in costante miglioramento. L'**UAE Vision 2021** è l'agenda nazionale annunciata nel 2010 che si prefigge, tra le altre cose, di trasformare gli EAU in uno dei Paesi primi al mondo in termini di infrastrutture sostenibili, in tempo per il cinquantesimo anniversario dall'indipendenza. Uno dei progetti più imponenti è la creazione di una rete ferroviaria nazionale di 1.200 km, l'**Etihad Rail**, che consegnerà al Paese una rete di trasporto su rotaia con direttrici est-ovest per il trasporto passeggeri e nord-sud per il trasporto merci dalle aree di estrazioni ai porti di sbocco e che collegherà gli EAU con l'Arabia Saudita, il Qatar, l'Oman, il Bahrain e il Kuwait.

I singoli emirati, poi, hanno delineato i propri programmi.

- Vediamo prima Abu Dhabi che ha varato, insieme all'Economic Vision 2030, il suo programma, **Urban Planning Vision 2030**, nell'ambito del quale viene delineata la riorganizzazione del suo assetto urbano. La dichiarazione d'intenti recita: "Developing plans and policies that shape Abu Dhabi Emirate as the leading global 21st century Arab capital and ensuring factors such as sustainability, infrastructure capacity, community planning and a high quality of life for all". I progetti comprendono:

- **Khalifa port**: il nuovo porto inaugurato nel 2012, dotato di un avanzatissimo terminal semiautomatico per container, che è già in fase di ampliamento entro il 2018 con l'obiettivo di poter ospitare le più grandi navi al mondo.

- **Abu Dhabi International Airport**: è il secondo aeroporto più trafficato degli Emirati e anch'esso in espansione, con la realizzazione del Midfield Terminal, la cui inaugurazione si prevede a fine 2017. A seguito del primo volo della compagnia di bandiera Etihad nel 2003, l'aeroporto è cresciuto costantemente, fino a raggiungere l'anno scorso i 24 milioni di passeggeri, che si prevede duplicheranno entro i prossimo dieci anni, 52 compagnie aeree operanti e 93 destinazioni in tutto il mondo.

- **Abu Dhabi metro**: attualmente in costruzione, con consegna della Phase 1 entro il 2020, coprirà una distanza di 131 km, di cui 18 sottoterra. Il costo complessivo è stimato sui 2 miliardi di dollari. Il sistema metropolitano sarà poi integrato con 580 km di linea ferroviaria ad alta velocità e 350 km di LRT (light-rail tram), per garantire lo scorrimento veloce da un capo all'altro della città.
- Anche Dubai, prossimamente impegnata nell'Expo 2020, ha lanciato il suo **Dubai 2020 Urban Masterplan**, nell'ambito del quale il piano di sviluppo dei trasporti urbani prevede:
- **Dubai metro network**: è una rete di linee metropolitane senza conducente che rappresenta il sistema ferroviario automatizzato più lungo al mondo. Al momento comprende due linee, rossa e verde aperte rispettivamente nel 2010 e 2011, con il progetto di realizzarne una terza di circa 15 km per creare il collegamento con il sito dell'Expo;
- **Dubai Water Canal**: un sistema di trasporto marittimo urbano, con imbarcazioni e water bus, ponti pedonali e nuove spiagge, inaugurato a novembre 2016.
- **Supertreno Hyperloop**: collegherà l'aeroporto Al-Maktoum di Dubai con quello di Abu Dhabi percorrendo 145 km in soli 9 minuti e 40 secondi. Lo sceicco lo vuole a tutti i costi per l'Expo 2020, il che significa che dovrà essere costruito in 4 anni di tempo, con un costo che si aggira fra i 10 e i 20 milioni di euro al km. Si tratta di una capsula grande all'incirca come la cabina di un piccolo aereo che viaggia in un tubo di acciaio al cui interno c'è un sistema di lievitazione passiva con magneti opposti che si respingono; mentre i treni ad alta velocità consumano una quantità di energia enorme, nell'hyperloop sono i rotori a propulsione magnetica a permettere il movimento della capsula, senza sprecare risorse energetiche.
- **Ampliamento della rete stradale urbana**
- **Porto di Jebel Ali**: il porto di Jebel Ali ha diversi titoli di cui

fregiarsi: è il porto più grande al mondo costruito interamente dall'uomo; è il più grande terminal marittimo del Medio Oriente; è il 9° porto container più grande a livello globale; è stato votato per venti anni consecutivi come il "Best Seaport in the Middle East". Nel 2015 sono iniziati i lavori di ampliamento per la costruzione del terminal 4 che porterà complessivamente il porto a una capacità di 22,1 milioni di TEU nel 2018. Il Jebel Ali Port è sempre stato il fiore all'occhiello di Dubai e con il nuovo terminal potrà continuare a supportare la crescente domanda non solo di Dubai ma di tutta la regione.

- **Dubai International Airport (DXB) e Dubai World Central (DWC):** il Dubai International è cresciuto ad un tasso di oltre il 13% da quando ha inaugurato 55 anni fa. A febbraio 2016 è stato inaugurato il nuovo atrio, Concourse D, allo scopo di rafforzare i servizi e potenziare la capacità sia per le 60 compagnie aeree internazionali operanti che garantiscono 350 voli al giorno verso 94 destinazioni in tutto il mondo, sia per il traffico passeggeri che potrà accogliere dai 75 milioni attuali fino ai 90 milioni. In prospettiva, poiché il Dubai International non dispone più di spazio per un ulteriore ampliamento, il Dubai World Central è l'aeroporto designato per accogliere fino a 160 milioni di viaggiatori all'anno e movimentare fino a 12 milioni di tonnellate di merci. Se nel 2016 entrambi gli aeroporti hanno registrato un traffico passeggeri di oltre 85 milioni, nel 2020 le aspettative sono di raggiungere la cifra di 100 milioni.

4. **Elevata propensione ad un regime di libero scambio**

Tra i tanti fattori che maggiormente caratterizzano gli EAU, e in particolare Dubai, che per prima le adottò, è la **massiccia presenza di zone franche (*free zone*) dove le società godono di incentivi esentasse che facilitano gli investimenti**.

Ma facciamo prima un passo indietro, per capire come gli EAU sono arrivati ad essere un Paese così free zone-friendly. Gli anni '80 sono stati per Dubai un periodo di calo dei commerci nel porto di Jebel Ali. L'idilliaco rapporto Dubai-free zone nasce proprio da questa circostanza storica. Per agevolare la ripresa di Jebel Ali lo sceicco Mohammed decise di convertirlo in un porto franco e in un distretto manifatturiero; voleva che diventasse un'area economica speciale, in cui le società potevano importare materiali grezzi, assemblare il prodotto finito e riesportarlo. L'area sarebbe stata esente sia dal pagamento della tassa federale di importazione del 5%, sia dall'applicazione della Companies Law federale che proibiva la partecipazione maggioritaria di soggetti esteri in qualunque business - il governo di Abu Dhabi tuttora impone che il 51% delle quote debba essere posseduto da un partner locale. Questa legge costituiva il maggior impedimento agli investimenti stranieri a Dubai. E perciò Dubai la aggirò, dichiarando il porto una "free trade zone", un'area di libero scambio.

La manovra funzionò, e di anno in anno le aziende che si trasferivano nel porto di Jebel Ali aumentavano: da poche decine degli anni '80, a duecento negli anni '90, fino a raggiungere nel 2006 il numero di circa 6.000.

C'era qualcosa però che non soddisfaceva pienamente lo sceicco Mohammed, e cioè che la maggioranza delle aziende operanti a Jebel Ali erano del settore tessile o importatori di ricambi automobilistici. Insomma, società non propriamente high-tech. La fine degli anni '90 era l'epoca della rivoluzione tecnologica, di Internet, che Dubai si stava lasciando sfuggire. Mohammed non poteva permetterlo. Creò quindi ben presto due distretti destinati al settore dell'information technology e dei media. Ed è così che sono nate altre due free trade zone, **Dubai Internet City** e **Dubai Media City**, che, come tutte le free zone, sono esenti non solo dalla tassa federale e dalle restrizioni sulla partecipazione estera, ma anche dall'imposta sul reddito e non hanno vincoli per l'importazione di capitali e riguardo ai visti per i lavoratori stranieri.

Dubai Internet City inaugurò nel 2000 - soltanto 364 giorni dopo l'annuncio della sua creazione: era la dimostrazione eloquente di che cosa era capace di fare il piccolo emirato di Dubai. Mohammed riuscì a portare Microsoft, Oracle, Hewlett-Packard a Dubai e in pochi anni il distretto si era allargato a venticinque edifici con 2.000 lavoratori e quasi 900 aziende, che rappresentavano un settore molto più durevole di quello turistico o del real-estate di lusso (e se ne ebbe dimostrazione proprio pochi anni più tardi, con la crisi del 2008).

La free zone di Dubai Media City gode degli stessi benefici: rilascio di visti senza limitazione, nessuna restrizione sui capitali, nessuna tassa. Non appena aperta, moltissime società si catapultarono a Dubai: Associated Press, Reuters, BBC, Dow Jones e molte altre. Oltre alle agenzie di stampa arrivarono a frotte anche società di pubbliche relazioni, agenzie di moda, case editrici etc.

Il modello delle free zone, visto l'enorme successo riscosso, venne ben presto esteso ad altri settori, in modo più sistematico, e venne anche adottato dagli altri emirati. Attualmente gli EAU offrono, nel complesso, ben 36 free zone (per l'elenco completo si rimanda alla sezione Appendici). Qui vorrei solo menzionare il Dubai World Central (DWC), una free zone estesa per 140 chilometri quadrati situata vicino al porto di Jebel Ali che riunisce, insieme all'aeroporto di Al Maktoum, un'ampia varietà di distretti - Logistics District, Aviation District, Business Park, Commercial District, Residential District, Golf District, Exhibition District and Humanitarian District -e che rappresenta una piattaforma strategica per l'espansione e la crescita di molteplici settori.

Quindi, ricapitolando, che cos'è precisamente una free zone e quali sono i benefici per un'attività operante in tale area? Le free zone sono porzioni di territorio nazionale delimitate fisicamente, all'interno delle quali le attività economiche godono di trattamenti preferenziali rispetto al resto del Paese (mainland). Alcune free zone consentono lo svolgimento di qualsiasi attività economica o commerciale, mentre altre sono specifiche e permettono lo svolgimento solo di determinate attività economiche. I vantaggi possono essere riassunti in:

- insediamento di società con il 100% del capitale straniero;
- esenzione da dazi doganali per le merci in transito, purché non siano introdotte nel territorio nazionale (mainland);
- rimpatrio totale del capitale e degli utili;
- nessuna imposta sui redditi;
- nessuna tassazione per le persone giuridiche per almeno 15 anni;

- snellimento delle procedure per il rilascio di licenze, visti e di altri eventuali certificati.

C   he cosa si intende per "mainland"? Mainland è il territorio degli EAU non compreso nelle free zones. Le società aperte in mainland sono soggette alla UAE Company Law, la legislazione vigente negli EAU, che distingue tra le varie tipologie societarie ammesse e stabilisce gli adempimenti amministrativi e contabili. Vedremo nel dettaglio tutte le tipologie societarie ammesse sia in mainland sia in free zones nel capitolo II.

5.   **Stile di vita libero e tollerante**

Gli EAU, pur mantenendo forte la propria identità musulmana, il retaggio tribale e le tradizioni della penisola araba, sono in tutto e per tutto uno stato moderno, che si è contraddistinto fin da subito per un clima di tolleranza, sia religiosa che sociale, e per essere una società meno conservatrice rispetto alle altre della regione. Infatti, gli altri Paesi del Golfo, come il Bahrein, l'Oman, l'Arabia Saudita e il Kuwait, sono ancora indietro rispetto agli EAU sia per quanto riguarda le opportunità di investimento e l'apertura agli investimenti stranieri, sia per il livello delle infrastrutture e la qualità della vita, che è ancora molto influenzata e regolata da impostazioni religiose.

Ci sono anche altre caratteristiche di questo mercato che vanno considerate: la stabile impostazione della disciplina normativa in materia di imprese, il costo contenuto della manodopera (principalmente proveniente dai Paesi del sub-continente indiano), un basso costo dell'energia.

1.2 I rapporti commerciali tra EAU e Italia

Abbiamo visto in Tabella 1. che i partner commerciali principali dei sette Emirati sono i Paesi asiatici del Pacifico, che coprono il 42% dell'interscambio totale. A seguire si colloca l'Europa con uno share del 25%. Per quanto riguarda l'interscambio con il nostro Paese, l'Italia si posiziona all'ottavo posto in assoluto tra i Paesi fornitori degli EAU e al terzo posto tra i partner europei, dopo Germania e Regno Unito, mentre per noi gli EAU si confermano il principale mercato di sbocco delle esportazioni nell'area MENA (Middle East and North Africa) e in generale verso l'intero mondo arabo. Dopo la crisi finanziaria che ha colpito Dubai nel biennio 2009-2010, l'interscambio commerciale con l'Italia ha ripreso a crescere a ritmi sostenuti a partire dal 2011.

Il 2015 si è rivelato un anno record per l'export italiano, che ha superato quota 6 miliardi di Euro, e anche per l'interscambio totale, pari a oltre 7 miliardi di Euro. Rispetto al 2014, si è registrato un +19,3% (oltre 4,5 miliardi di Euro) nel valore delle esportazioni italiane nei Paesi del Golfo e un +35,5% (850 milioni di Euro) nel valore delle importazioni nazionali dagli EAU. La voce trainante delle nostre esportazioni è rappresentata dai macchinari, dal comparto orafo e della bigiotteria, quest'ultimo tuttavia in contrazione del -11%, e dai raffinati del petrolio.

Nei primi cinque mesi del 2016 i dati hanno mostrato uno scenario un po' modificato. Le nostre importazioni dagli EAU hanno registrato un +14,4%, mentre il nostro export ha segnato un -13,8%.

Per quanto riguarda l'import dagli EAU, l'incremento inatteso è riconducibile al comparto dei "metalli di base preziosi ed altri metalli non ferrosi", dato incoraggiante che presuppone una ripresa del nostro export del settore gioielleria, in quanto i produttori italiani, per lo più contoterzisti per le grandi catene orafe indiane e pakistane, sembrerebbero aver aumentato l'acquisto di materia prima in previsione di un aumento di ordinativi.

Per quanto riguarda l'export, la flessione è imputabile nuovamente al comparto gioielleria (-17,5%), che conferma la contrazione già riscontrata nel 2015 dovuta presumibilmente a due cause: il calo dei flussi turistici provenienti soprattutto da Russia e Cina e la temporanea perdita per i rivenditori emiratini di importanti mercati mediorientali e nordafricani, condizionati da conflitti o profonde tensioni socio-economiche. Anche il comparto dei prodotti petroliferi raffinati segna una flessione, del -71,4%, segnato inequivocabilmente dall'andamento sfavorevole dei prezzi del greggio.

Tuttavia l'export italiano segna la progressione di molti altri settori, su cui puntare:

- I prodotti del "**Made in Italy**" rappresentati soprattutto dai gioielli, dalla moda e dall'arredo di alta gamma. Il campo della moda presenta delle ottime opportunità di crescita: nel 2015 l'export italiano di articoli di abbigliamento è stato pari a 181,2 milioni di Euro, con la prospettiva di toccare soglia 210 milioni di Euro nel 2017, e quello delle calzature è stato pari a 135,3 milioni di Euro, contribuendo in maniera decisiva a diffondere ulteriormente il "Made in Italy" negli EAU, sinonimo di professionalità, design di alto livello e stile;

• I **prodotti agroalimentari** che hanno registrato nel 2015 un'eccezionale crescita del 27,8% rispetto all'anno precedente e che hanno toccato quota 175,8 milioni di Euro. Anche l'export di bevande ha conosciuto nel 2015 un incremento del 12,4% rispetto al 2014 attestandosi su un valore di 26,4 milioni di Euro. Per venire incontro a questo trend positivo, nel 2015 è stato organizzato dalla Camera di Commercio a Dubai l'Italian Food & Beverage in Dubai 2015, che ha visto coinvolte 26 imprese italiane del settore interessate alla proprio internazionalizzazione nel mercato del Golfo;

• Il **settore manifatturiero**, in particolare della siderurgia e dell'alluminio. Questo settore va tenuto particolarmente in considerazione, in quanto è dell'estate 2016 la decisione del Concilio di Coordinamento Industriale emiratino di focalizzare le politiche di sviluppo industriale su 4 obiettivi strategici, tra cui il primo è di aumentare il PIL del settore manifatturiero dall'attuale 14% al 20% entro il 2021;

• Il **settore meccanico e delle strumentazioni** la cui domanda in crescita potrebbe spingere le esportazioni italiane a circa 1,8 milioni di Euro nel 2017.

Specchio delle relazioni economiche tra due Paesi è la presenza e la frequenza dei collegamenti aerei. Tra Italia e EAU la prima tratta aerea è stata aperta nel 2007 con Milano e nel 2014 con Roma. Etihad, la compagnia di bandiera di Abu Dhabi, che ha acquisito il controllo del 49% di Alitalia, attualmente offre 35 voli settimanali da e per l'Italia, incluso un doppio servizio giornaliero per Roma e Milano. Da ottobre 2016, inoltre, la compagnia aerea ha aggiunto un volo giornaliero per Venezia, espandendo così i suoi servizi verso l'Italia.

A seguito della trattiva Alitalia-Etihad conclusasi positivamente, i fondi sovrani degli EAU hanno iniziato a manifestare un interesse per le opportunità di investimento in Italia, soprattutto nei settori finanziario, infrastrutturale e immobiliare. Per fare solo due esempi: la società di investimenti strategici del governo di Abu Dhabi, Mubadala Development Company, ha acquisito il controllo nel 2014 di Piaggio Aero con un investimento di circa 100 milioni di Euro; la società dello sceicco Hamed Al Ahmed della famiglia reale di Abu Dhabi ha acquisito il controllo del complesso turistico dell'ex Perla Ionica, ad Acireale (Catania), attualmente in fase di radicale ristrutturazione per trasformalo nel nuovo Hilton Capomulini

1.3 La presenza italiana negli EAU

La presenza imprenditoriale italiana negli Emirati Arabi Uniti è altamente qualificata ed è rappresentata da circa 600 società. Tra le principali società di medie-grandi dimensioni presenti in pianta stabile negli EAU si segnalano, tra le altre: Alitalia, Ansaldo Energia, Assicurazioni Generali, Belleli, Fantini Mosaici, Finmeccanica, Impregilo, Luxottica, Maire Tecnimont, Mapei, Maserati, Pirelli, Saipem. La modalità di presenza sul territorio è molto diversificata, tra imprese con propria filiale in loco, nelle diverse zone franche, non solo a Dubai, ma anche negli altri emirati (sono 120 le aziende italiane presenti solo nella zona franca di Ras Al Khaimah, nell'emirato omonimo), altre che hanno uffici di rappresentanza, altre che operano tramite distributori e agenti locali e altre ancora che si avvalgono di un export manager interno.

L'internazionalizzazione delle imprese italiane in EAU ha registrato un incremento significativo nel corso degli anni. Basti pensare che nel 2002 erano presenti meno di 70 aziende. Gli EAU sono un mercato molto importante per le nostre imprese per almeno due motivi principali: innanzitutto, perché il mercato emiratino è di per sé dinamico, dall'elevato reddito pro-capite e dall'elevata ricchezza; in secondo luogo, perché gli EAU rappresentano un hub strategico per la loro vicinanza con il sub-continente asiatico, elemento da cui traggono vantaggio ponendosi come il principale centro di riesportazione del Medio Oriente, cosicché le imprese italiane possono operare nei vicini mercati asiatici, come India, Pakistan e Cina, con forti riduzioni di costi.

Vediamo ora quali sono i settori su cui focalizzarsi per investire negli EAU.

1.4 Opportunità di investimento

Le possibilità di accesso delle nostre imprese in EAU sono molto incoraggianti, in vari comparti e secondo diverse modalità. È possibile avvantaggiarsi non solo del fermento nell'ambito dei grandi progetti infrastrutturali (porti, aeroporti, reti stradali e ferroviarie - come abbiamo visto più sopra -, ospedali, alberghi e strutture turistiche, impianti di produzione energetica) che il governo emiratino ha messo tra le priorità nei suoi piani di sviluppo, ma anche della sempre maggior attenzione nei riguardi di prodotti di largo consumo.

Un'opportunità importante è rappresentata dall'EXPO 2020 di Dubai, a cui possono intervenire sia le nostre grandi imprese per acquisire commesse per la realizzazione di opere civili, nel settore pubblico e privato, sia le PMI che possono inserirsi come fornitori settoriali o sub-contractor.

Ecco dove investire negli EAU:

* **Costruzioni**

Questo settore rappresenta la terza industria più importante negli EAU, dopo quella petrolifera e del commercio. Le imprese coinvolte sono circa 6000, per lo più concentrate a Dubai e Abu Dhabi. Dubai, nello specifico, grazie all'EXPO 2020 ha catalizzato la crescita del settore, che rispetto al periodo 2010-2014 il cui tasso era del 3,5% annuo, dovrebbe registrare un tasso annuo medio del 6,5% fino al 2019. Abbiamo visto più sopra tutti i consistenti progetti avviati dall'emirato in occasione di questo importante evento. La principale fiera di settore è la BIG 5 che si tiene a novembre presso il Dubai World Trade Centre, nell'ambito della quale l'Italia continua negli anni a posizionarsi come primo Paese partner in termini di aziende partecipanti.

Il settore delle costruzioni è legato anche al mercato immobiliare, che, dopo la bolla del 2008 scoppiata a Dubai, si è ripreso bene, stabilizzandosi e mantenendo una forte posizione nel 2016, attraendo 57 miliardi di AED di investimenti da 149 nazionalità diverse e con oltre 26.000 transazioni registrate per i primi mesi del 2016.

- Energia elettrica, gas, vapore e aria condizionata (anche da fonti rinnovabili)

  L'incremento della domanda di energia elettrica (circa il 5-6% annuo) è diretta conseguenza di almeno due fattori: il forte sviluppo dell'industria e dei servizi e l'aumento costante della popolazione e dell'elevato tenore di vita complessivo del Paese. Tutto ciò fa stimare che nei prossimi cinque anni il fabbisogno sarà tale da richiedere addirittura il raddoppio dell'attuale capacità produttiva. I piani di sviluppo del governo si concentrano non solo sull'ampliamento della capacità delle centrali esistenti (di cui la maggior parte collocate ad Abu Dhabi), ma anche sul potenziamento della rete di distribuzione nell'ottica di una maggiore capillarità ed efficienza, soprattutto negli emirati del nord (il 90% della domanda è concentrata nei centri urbani e industriali di Abu Dhabi, Dubai e Sharjah). Se attualmente il 97% degli impianti di produzione utilizza gas naturali, il governo ha intrapreso importanti iniziative per dare impulso all'impiego futuro di fonti di energia alternative. In quest'ambito è Abu Dhabi a porsi come leader, con l'obiettivo di diventare una delle città più sostenibili del mondo. Già entro il 2020 Abu Dhabi ha espresso il suo impegno a produrre il 7% del suo fabbisogno di energia totale da fonti di energia rinnovabile. Da citare inoltre due importanti progetti concepiti dall'emirato: il sistema "**Estimada**" (che in arabo vuol dire "sostenibilità"), ossia un sistema di rating che assegna un punteggio alle costruzioni in base al loro livello di sostenibilità ambientale, all'uso di materiali ecocompatibili, al risparmio di acqua ed energia, alla gestione razionale ed efficiente dei rifiuti; la costruzione di **Masdar City**, la città ad emissioni zero. Anche Dubai sta percorrendo la stessa strada con il **Dubai Integrated Energy Strategy 2030** che si pone come obiettivo la diversificazione delle fonti energetiche e la produzione di energia da fonti rinnovabili per l'1% del totale entro il 2020 e del 5% entro il 2030.

- **Prodotti in metallo**

  Nonostante la contrazione registrata dal comparto nel 2015 e nel 2016, l'investimento in questo settore continua a rimanere interessante, grazie all'elevato livello del reddito pro-capite della popolazione di nazionalità emiratina. Dubai è la principale piazza di ingresso e di offerta di gioielli nel Medio Oriente, con oltre 1.000 operatori professionali e 600 punti vendita. Il souk dell'oro a Dubai è il mercato dell'oro più grande del mondo e vende gioielli e pietre preziose provenienti da Dubai, dall'India e da molti altri Paesi, tutti realizzati con oro da 22 e 18 carati. L'operatore italiano che volesse effettuare una penetrazione in questo mercato deve però tenere in considerazione alcuni fattori specifici:
  - gli arabi sono tradizionalmente molto fedeli ai fornitori con cui hanno già intrapreso relazioni commerciali e di cui hanno testato l'affidabilità;
  - la domanda di gioielli è fortemente influenzata dal background culturale ed etnico dei residenti, tra cui una buona parte sono espatriati indiani che acquistano oro come investimento;
  - le vecchie generazioni non sono interessate al design o alle tendenze della moda e si orientano quindi verso prodotti senza marchio ma di alto valore intrinseco;
  - le generazioni più giovani, più al passo con i trend e interessate a indossare oggetti di uso quotidiano, sono invece più attente al marchio e al design;
  - il mercato della vendita all'ingrosso è ben strutturato e consigliabile per l'esportatore italiano che vuole introdursi in questo settore negli EAU; il grossista non solo conosce tutte le opportunità di affari ed è in grado di individuare la domanda adatta al genere di prodotto offerto, ma ha anche la possibilità di fare ordinativi più elevati di un operatore al dettaglio.

- **Prodotti alimentari**

  L'agroalimentare negli EAU rappresenta un settore molto interessante per le imprese italiane, che hanno l'opportunità di inserirsi in un mercato che: importa circa il 90% di prodotti alimentari, alimenti finiti e ingredienti; riconosce e apprezza l'alto livello qualitativo dei prodotti italiani; è in continua crescita, grazie all'espansione del settore del turismo. Negli EAU in vista di EXPO Dubai il numero di hotel crescerà dagli attuali 600 a 750 e, di pari passo, crescerà il settore della ristorazione, che conta al momento circa 11.000 centri (di cui oltre 4.000 a Dubai e 3.000 ad Abu Dhabi), e che è un mercato molto redditizio in termini di ritorni. Molto sta facendo anche Abu Dhabi nel settore dell'ospitalità, che negli ultimi anni sta cercando di promuoversi come attrazione turistica alternativa a Dubai.

Alcuni elementi da tenere in considerazione sono:

- il sistema di distribuzione e di vendita all'ingrosso è altamente avanzato e prevede che gli importatori e i produttori di alimenti vendano direttamente ai negozi al dettaglio, tra cui i supermercati e gli ipermercati negli ultimi dieci anni hanno registrato circa il 65% delle vendite totali. I più grossi punti vendita agiscono anche come importatori che rivendono direttamente ad altri punti vendita su tutto il territorio emiratino;

- i principali prodotti italiani di importazione sono la pasta, i formaggi e i latticini, seguiti da olio di oliva, caffè, dolci e prodotti da forno. Per quanto riguarda l'ortofrutta, troviamo kiwi, mele, uva e insalata;

- i prodotti italiani, per quanto sinonimo di qualità, non sono presenti in modo massiccio nella GDO, a causa dei bassi quantitativi di vendita, dati da un prezzo medio più elevato, e degli alti costi di presenza sugli scaffali. In questo senso, il settore della ristorazione è maggiormente attrattivo;

- i dazi sono pari al 5% e sono invece assenti per i prodotti di base come frutta e verdura, cereali, farine, zucchero e tè;

- carne di maiale e bevande alcoliche sono soggetti a delle limitazioni e possono essere importati solo da distributori autorizzati;

- dal 2008 i prodotti alimentari importati devono riportare le etichette in arabo sugli imballaggi. In questo modo gli EAU si sono uniformati altri Paesi del Golfo, Oman, Bahrein, Arabia Saudita, Kuwait e Qatar, in cui la regola era già in uso.

• **Articoli di abbigliamento**

Il mercato del fashion, soprattutto quello dei brand internazionali, è in pieno boom negli EAU la cui domanda è guidata dai *locals* emiratini, dagli *expats* trasferiti per lavoro e dai turisti provenienti da tutto il mondo, sia *leisure* che d'affari, tre categorie dall'elevato potere di spesa. Il settore sta acquisendo tale rilevanza che nel 2015 è stato inaugurato il Dubai Design District o D3, ossia un'area completamente dedicata al design, all'arte e alla moda. Riguardo alla moda, l'obiettivo è di: stimolare la crescita dell'intera filiera, dal design alla produzione, fino alla vendita al dettaglio; promuovere stilisti locali e regionali; attrarre talenti internazionali; trasformare Dubai in una vera e propria capitale della moda.

Gli aspetti da tenere presente, e che valgono oltre per l'abbigliamento, anche per le calzature e la pelletteria, sono:

- i marchi internazionali e griffati dominano i principali shopping mall come Saks Fifth Avenue, Bin Hendi, Harvey Nichols etc, soprattutto a Dubai, vero tempio dello shopping;
- per coloro che sono in grado di acquistarli, i prodotti della moda italiana, soprattutto se firmata, costituiscono sempre la prima scelta, in quanto segno di distinzione;
- ad eccezione dei grandi brand, l'ingresso di un prodotto italiano di qualità ma sconosciuto presenta delle difficoltà, in quanto gli importatori/grossisti sono interessati ai quantitativi più che a sostenere i costi per affermare un prodotto di nicchia. In questo caso quindi, l'accesso al mercato, in mancanza di un forte brand che fa da traino, deve essere accompagnato da un sostanziale investimento in comunicazione.

• **Arredo**

Il settore arredamento è legato a quello delle costruzioni, a quello immobiliare e anche a quello turistico, e tutti e tre viaggiano su trend positivi, come abbiamo visto; la continua costruzione di nuove abitazioni, nuovi uffici e nuove strutture ricettive (hotel e ristoranti, spazi pubblici) determina infatti un incremento della domanda di mobili e complementi d'arredo. Come per il comparto moda, anche in questo caso il prodotto italiano è sinonimo di qualità e gode quindi di largo prestigio. L'export nel 2015 è risultato pari a 231,6 milioni di Euro, con un incremento del 42,5% rispetto all'anno precedente; i dati del primo trimestre 2016 confermano il trend positivo con un +12%.

Gli aspetti da considerare sono:
- l'arredo ad uso residenziale copre il 90% del mercato, il restante 10% è rappresentato dall'arredo per ufficio;
- data la multiculturalità della popolazione residente negli EAU, è difficile stabilire un trend del gusto; in linea di massima, le fasce giovani o ad alto reddito preferiscono i prodotti di lusso e di stile moderno, orientandosi verso la qualità dei prodotti Made in Italy;
- per coloro più attenti al fattore prezzo, Turchia, Cina e Libano sono i tre principali Paesi da cui proviene la concorrenza di prodotti di media qualità offerta a costi competitivi;
- i prodotti d'arredo sono distribuiti per lo più da agenti/distributori, mentre gli showroom sono quasi sempre plurimarca;
- il segmento del contract assume una grande rilevanza, considerati i grandi piani di realizzazioni residenziali, commerciali e turistiche; si stima che circa il 50% del mercato dell'arredamento sia veicolato attraverso il settore del contract, di cui il 37% costituito dal segmento dell'ospitalità.

II CAPITOLO
Le forme di internazionalizzazione d'impresa in EAU

II.1 Internazionalizzazione: che cos'è, i motivi per attuarla, come attuarla

Nel primo capitolo abbiamo prima delineato un quadro dettagliato degli Emirati Arabi Uniti, approfondendo in particolare le ragioni per cui il Paese è considerato il centro del commercio internazionale in Medio Oriente e concentrandoci in misura maggiore sui due Emirati principali di Abu Dhabi e Dubai; abbiamo poi ristretto il campo sui rapporti che il Paese intrattiene con l'Italia; e abbiamo infine terminato con le opportunità di investimento che il Paese offre.

Cogliere le opportunità di investimento in EAU per un'impresa o un imprenditore significa **internazionalizzare**, pratica ormai diventata strategica e talvolta obbligata, tanto che spesso viene considerata come l'unica strada per superare le difficoltà innescate dalla crisi globale. È vero che i mercati esteri sono un'opportunità ma non sono praticabili da tutti indistintamente. Ci sono dei requisiti che è necessario tenere in considerazione prima di varcare i confini nazionali con qualche vantaggio. Ma, prima di parlare dei requisiti, inquadriamo bene il fenomeno dell'internazionalizzazione, analizzando motivazioni e modalità per intraprenderla.

Innanzitutto, che cosa vuol dire "internazionalizzare" un'impresa? Vuol dire che l'impresa diventa in qualche modo internazionale perché il suo raggio d'azione non è più limitato ai confini nazionali; può perciò vendere i propri prodotti all'estero, acquistare da fornitori esteri, produrre o trovare fonti di finanziamento all'estero.

In secondo luogo, per quali motivi un'impresa si internazionalizza? Internazionalizzare è diventata una strategia aziendale fondamentale perché interviene su due sfere d'azione portanti:

1. **aumenta il più possibile i ricavi;**
2. **riduce i costi.**

Queste due operazioni sono diventate delle vere e proprie esigenze dal momento in cui, complice la globalizzazione degli scambi e la sempre maggiore integrazione dei mercati, **la concorrenza si è accentuata in tutti i settori**. Il processo di internazionalizzare può quindi essere vissuto dall'impresa sia come **strategia di difesa** delle proprie posizioni competitive, sia come vera e propria **opportunità competitiva**, per crescere a livello dimensionale e per massimizzare i profitti. In entrambi i casi, il concetto a cui si fa riferimento è il **vantaggio competitivo**, che l'impresa o può già avere e intende sfruttare a livello internazionale oppure vuole ottenere proprio attraverso le attività con l'estero.

All'interno delle due macro esigenze, quali sono quindi i motivi che spingono un'impresa a misurarsi in una competizione internazionale? Vediamoli:

1. cogliere nuove opportunità di mercato e opportunità di business particolarmente allettanti, facendo leva su un prodotto vincente, su una superiore tecnologia o su marchi particolarmente noti e affermati (come per il "Made in Italy");

2. ricercare fattori di competitività, che consentano risparmi fiscali, nei costi di produzione (per esempio nel costo del lavoro) o l'accesso a nuove e convenienti fonti di materie prime;

3. ridurre i rischi operativi e di mercato attraverso una strategia di diversificazione dei mercati e degli approvvigionamenti;

4. accedere a mercati protetti o specifici, che richiedono una competenza locale nelle produzioni offerte sul mercato.

E infine quali sono le **modalità** dell'internazionalizzazione? Un'impresa che si internazionalizza può:

1. vendere all'estero i propri prodotti (export);

2. realizzare unità di produzione e vendita in paesi stranieri (investimenti diretti esteri - IDE);

3. stringere alleanze con partner stranieri;

4. ricorrere ad apporti di capitale di azionisti stranieri;

5. approvvigionarsi da fornitori stranieri.

Storicamente le PMI italiane hanno per lo più preferito la modalità dell'export, ossia la vendita del prodotto finito, piuttosto che quella degli investimenti diretti. Entrare su un nuovo mercato tramite per esempio una filiale o una sussidiaria comporta dei rischi molto simili ad un vero start-up con componenti altamente imprenditoriali: occorre, cioè, costruire e sviluppare relazioni con gli stakeholders, creare e consolidare una reputazione su base locale, reclutare e addestrare nuova forza lavoro. Questo ha costituito molto spesso un freno per le PMI italiane, centrate sul ruolo dell'imprenditore e della famiglia e caratterizzate dallo scarso ricorso a profili manageriali e a forme organizzative non adeguatamente strutturate per affrontare le sfide dell'internazionalizzazione.

Torniamo ora a parlare dei **requisiti**. Sia che si tratti della modalità export che di quella dell'investimento diretto, un'impresa dovrà verificare di avere questi requisiti principali prima di intraprendere un percorso di internazionalizzazione:

1. solidità economico-finanziaria;
2. prodotti di qualità adatti ai mercati-obiettivo;
3. prezzi competitivi;
4. risorse (tempo, denaro, personale) da investire.

Aggiungiamo un fattore essenziale, che soprattutto nel mercato degli EAU riveste un peso determinante e può anche rappresentare una conditio *sine qua non* per procedere. Per ridurre i rischi connessi ai pagamenti, al trasporto delle merci e agli investimenti, è assai raccomandabile avere **interlocutori e controparti estere affidabili.**

A questo punto, verificati tutti i requisiti, **come si attua un progetto di internazionalizzazione?** Ci sono una serie di attività da svolgere che, se rispettate, possono condurre alla buona riuscita dell'impresa, ossia:

1. **Autovalutazione aziendale e delle possibilità produttive dell'azienda** per stabilire le risorse da destinare ai mercati esteri;
2. **Business plan**, ossia lo strumento di programmazione dello sviluppo internazionale;
3. **Ricerca e/o studio Paese;**
4. **Ricerca di partner;**
5. **Assistenza linguistica e logistica;**
6. **Assistenza tecnica;**

7. Assistenza finanziaria e/o commerciale.

Non è questa la sede per analizzare tutti i punti in modo dettagliatamente tecnico, ma è importante conoscere per sommi capi che cosa prevedono gli step uno per uno, obiettivo a cui è orientato questo capitolo. Faccio subito una premessa: non è un percorso immediato e particolarmente semplice. Come potrebbe esserlo? D'altra parte internazionalizzare è un processo complesso ed eterogeneo, che coinvolge diverse competenze e professionalità. Per tale motivo, è raccomandabile affidarsi a una figura che possa occuparsi personalmente di alcuni aspetti e coordinare nel complesso tutte le attività necessarie a sviluppare un **progetto di internazionalizzazione adatto alle specifiche esigenze e caratteristiche dell'impresa** richiedente. I consulenti a cui potersi affidare sono diversi: camere di commercio italo-estere, agenzie ICE, società private specializzate nei servizi per l'internazionalizzazione, singoli professionisti residenti nel mercato di interesse con background tecnico specifico. Il punto più importante da sottolineare è abbandonare l'idea che sia possibile fare tutto da soli e sviluppare un progetto di internazionalizzazione valido in totale autonomia. Come dicevo, le competenze in gioco sono molteplici e, a meno che non siate un imprenditore con risorse umane e competenze aziendali tali da coprire tutte le attività richieste, un supporto esterno si rivela davvero fondamentale per accompagnare con successo l'impresa in nuovi mercati.

Vediamo quindi ora i vari step da percorrere per realizzare un progetto di internazionalizzazione accurato.

I.1.1 I 7 step per un progetto di internazionalizzazione

1. Valutazione dell'azienda

La valutazione del merito aziendale è necessaria per valutare le potenzialità dell'impresa in termini di bilancio, organizzazione e capacità produttiva e per misurare la sua reale idoneità a poter affrontare nuovi mercati. Nello specifico, la valutazione dell'azienda prende in considerazione i dati di bilancio di almeno tre annualità per realizzare:

• l'analisi patrimoniale

- l'analisi economica
- l'analisi finanziaria

Gli indici di bilancio da esaminare sono molteplici e, per semplificare la lettura in questa sede, li trovate elencati e spiegati brevemente nella sezione Appendici.

La valutazione complessiva dell'impresa permette di conoscere **il suo stato e le sue potenzialità**, base per poter determinare le reali possibilità che ha l'azienda per intraprendere nuovi percorsi di crescita.

2. Business Plan

Il business plan, o piano economico-finanziario, è il documento attraverso il quale si definisce e riepiloga il progetto imprenditoriale in tutte le sue fasi - dalle linee strategiche, agli obiettivi, alla pianificazione patrimoniale, economica e finanziaria dell'impresa - al fine di valutarne la fattibilità e l'interesse dal punto di vista economico. Sotto il profilo dello sviluppo internazionale dell'impresa, il business plan è pertanto un indispensabile **strumento di programmazione e di pianificazione strategica** (sul medio-lungo periodo, 3-5 anni). Le sue funzioni sono essenzialmente due, interna ed esterna: interna perché consente all'impresa di valutarsi internamente; esterna perché ha lo scopo di presentare il progetto ai terzi, ossia a quegli operatori economici (clienti, fornitori, partner industriali, partner finanziari, lavoratori, comunità straniere ecc.) coinvolti nel processo di internazionalizzazione.

La preparazione del business plan è un lavoro complesso che non segue un modello prestabilito, in quanto la sua struttura risente delle finalità per cui è redatto. Un possibile indice di un business plan rivolto all'internazionalizzazione dell'attività aziendale, tuttavia, potrebbe essere il seguente:

I. **Executive summary**
    Si tratta di un riassunto del documento che, in una o due pagine al massimo, sintetizzi l'iniziativa, gli obiettivi, le strategie, i costi, gli eventuali finanziamenti richiesti e l'uso che si intende farne. È possibile impostare l'executive summary rispondendo alle seguenti domande:
    - quali sono i principali obiettivi del business plan?

- perché il mio progetto è interessante?
- quali sono i risultati attesi?
- quali sono i punti di forza?
- quali sono i punti di debolezza e quali sono le modalità per sanarli?

II. Presentazione dell'impresa

Qui vengono riportate tutte le informazioni relative all'impresa con riferimento alla struttura societaria, all'oggetto sociale, all'organizzazione, al campo di attività e alle prospettive future. È importante fornire elementi riguardo la storia dell'impresa e il suo quadro complessivo: quando è stata costituita, se ci sono state delle modifiche nell'assetto societario, lo sviluppo e l'area tipica della sua attività, la situazione economico-finanziaria corrente, se si sono realizzati precedenti progetti, i risultati conseguiti, e così via. Inoltre, è possibile menzionare quali caratteristiche formali si ritiene dovrà assumere la struttura aziendale estera.

III. Sintesi del progetto proposto

Qui si descrivono le caratteristiche salienti del programma che si intende realizzare, delineando: i presupposti e i motivi che lo muovono, le ragioni produttive, commerciali ed economiche che hanno determinato la decisione di internazionalizzare, gli obiettivi produttivi perseguiti, gli effetti produttivi attesi e per grandi linee le spese preventivate. In sostanza, si entra più nel dettaglio di quanto già menzionato brevemente nell'executive summary.

IV. Il prodotto/servizio

Obiettivo di questo paragrafo è di individuare precisamente l'attività, in relazione al settore di appartenenza. Non si tratta però di elencare asetticamente i prodotti/servizi offerti ma di analizzare le funzioni che essi assolvono nei confronti del mercato e del consumatore, ossia i **bisogni** che soddisfano e l'**utilità** che ne viene percepita. Lo scopo è di **individuare lo specifico target di mercato**, operazione che si completa nel paragrafo successivo . Alcune domande orientative da porsi sono:

- che cosa caratterizza l'offerta della mia azienda e quali sono gli elementi che la compongono?
- come rispondono questi elementi ai bisogni del mio target market?
- quali vantaggi competitivi emergono dall'offerta?
- quali sono i costi che la mia azienda deve sostenere per produrre tale offerta e portarla a conoscenza dei clienti?

V. **Analisi dei clienti**

In questo paragrafo si entra più nel dettaglio del nostro **target di consumatori**. Le domande da porsi possono essere:
- chi sono i clienti ai quali voglio rivolgermi?
- quali sono le loro caratteristiche e quali i loro bisogni?
- all'interno del target prescelto, è possibile individuare segmenti diversi?
- attraverso quali canali distributivi il mio prodotto/servizio sarà collocato nel mercato di riferimento?

VI. **Il mercato di riferimento**

A seguito dell'identificazione del mio gruppo di clienti, l'analisi di mercato dovrà fare una fotografia della situazione corrente. In che modo?
- descrivendo le caratteristiche del mercato estero individuato;
- spiegando perché si ritiene questo mercato interessante;
- identificando gli aspetti critici legati a questo mercato (per esempio, esistenza di barriere all'entrata: barriere legali, barriere economiche, barriere tecnologiche);
- valutando e giustificando il grado di attrattività del mercato;
- quantificando la domanda attuale per il prodotto/servizio offerto e stimandone l'evoluzione futura;
- **analizzando la concorrenza**, ossia l'esistenza di concorrenti già presenti o di potenziali nuovi concorrenti e il loro posizionamento sul mercato, le loro caratteristiche, le strategie praticate, il loro rapporto con fornitori e distributori in relazione al nostro;
- evidenziando i fattori innovativi che possono modificare in modo consistente lo scenario competitivo (es. il progressivo in-

gresso sul mercato di una nuova tecnologia);
- individuando le modalità di **formazione del prezzo**.

La conclusione a cui deve giungere l'analisi di mercato è quella di individuare il **posizionamento competitivo dell'impresa**.

VII. Ambiente sociale, politico e normativo

In un processo di internazionalizzazione è opportuno fare un quadro dell'ambiente in cui si andrà ad operare in una prospettiva sociale, politica e normativa, esponendo i fattori che lo caratterizzano, ossia:
- la struttura della società;
- la stratificazione sociale, che può essere determinante nell'influenzare il volume e la natura dei consumi delle persone e la loro capacità di acquisto;
- la lingua o le lingue parlate;
- la religione praticata, che può influire sulle abitudini locali;
- i valori culturali;
- il grado di stabilità politica;
- le idee guida secondo cui il Paese è governato (es. conservatorismo, liberismo, progressismo ecc.);
- la politica internazionale;
- la politica monetaria;
- la stabilità dei cambi;
- il carattere dell'ambiente normativo, se incerto e confuso o chiaro e ben delineato.

VIII. La strategia aziendale

Questo è un paragrafo chiave perché descrive il modo in cui l'impresa intende entrare nel mercato di riferimento, ossia le strategie commerciali che saranno intraprese. Si tratta, in sostanza, di individuare, insieme ai paragrafi successivi, le **leve del marketing mix** - posizionamento del prodotto, sistema dei prezzi, canali distributivi, politica finanziaria, organizzazione commerciale, politica commerciale - che la mia impresa adotterà al fine di conseguire un vantaggio competitivo consolidato. Alcune domande orientative da porsi sono:
- quale condotta concorrenziale ha individuato l'impresa per af-

fermarsi nel mercato selezionato?
* come intendo pormi nei confronti della concorrenza? Tramite uno scontro frontale o aggirandola?
* nel secondo caso, quale elemento di differenziazione prevede la mia strategia di ingresso? Un alto grado di innovatività del prodotto/servizio o un vantaggio di costo?
* quali sono le fasi in cui la strategia di ingresso verrà articolata?
* e quali sono i tempi previsti per la sua realizzazione?
* una volta consolidata la mia presenza sul mercato, a quale strategia competitiva intendo affidarmi?

IX. Esecuzione
In questo paragrafo si definisce la **modalità d'ingresso nel Paese estero** individuata per realizzare la strategia sopra formulata. Nello specifico si entrerà nel dettaglio del processo produttivo e di commercializzazione del prodotto/servizio offerto. Le domande orientative da porsi sono:
* quale modalità di presenza all'estero si intende adottare?
* il prodotto/servizio offerto sul mercato di riferimento sarà prodotto internamente, importato o realizzato in collaborazione con un partner?
* se prodotto internamente, dove avverrà la produzione?
* quali saranno i nostri fornitori?
* la commercializzazione avverrà tramite una rete di vendita diretta o sarà affidata a un agente/distributore locale?
* quali nuovi meccanismi operativi dovranno essere introdotti?
* quali competenze richiede di sviluppare l'internazionalizzazione?
* a fronte di nuove competenze richieste, si renderà necessario apportare dei cambiamenti nell'organico aziendale o assumere nuovo personale? Con quali costi?
* quali problemi potrebbero nascere nella gestione di personale di diversa nazionalità e come intendo affrontarli?

X. Le partnership per l'internazionalizzazione
A seconda di come è stata concepita l'esecuzione del progetto

di internazionalizzazione, si passa a descrivere quali alleanze è necessario attivare, e pertanto la strategia di collaborazione, il profilo dei potenziali partner e la forma tecnica dell'accordo o degli accordi da implementare.

Le domande orientative da porsi sono:

* perché, per le esigenze aziendali, è preferibile la partnership rispetto ad altre modalità?
* che tipo di partnership intendo realizzare?
* tra i profili dei potenziali partner, quale o quali sono meglio compatibili con la mia iniziativa?
* quali sono gli accordi da attivare?
* quali sono i costi associati alla realizzazione della partnership e quali i tempi previsti?

XI. **Le risorse finanziarie e la fattibilità economico-finanziaria del progetto di internazionalizzazione**

Una volta illustrata l'esecuzione del progetto, si passa a quantificare il fabbisogno finanziario richiesto e a indicare le risorse finanziarie con cui si prevede di sostenerlo. Le risorse finanziarie possono essere distinte in fonti interne (capitale sociale, utili e prestito soci) e fonti esterne (finanziamento commerciale, debiti verso banche e istituti finanziari, collocamenti azionari ed obbligazionari e altri titoli, leasing e pagamenti rateali, fondi pubblici ed agevolazioni finanziarie e/o fiscali da leggi speciali ecc.) che, insieme, costituiscono il capitale investito nell'iniziativa. Il passo successivo è quello di valutare la redditività attesa dal progetto di internazionalizzazione e identificare il **breakeven point**.

3. Ricerca e/o studio Paese

Individuare il mercato-Paese obiettivo più adatto per il nostro prodotto/servizio è una fase essenziale e, anzi, rappresenta, in ordine di tempo, il primo aspetto che un'impresa che non ha mai oltrepassato i propri confini nazionali deve affrontare nella costruzione del processo di internazionalizzazione. Solitamente la prima domanda che ci si pone infatti è: "dove andare?" Se un'impresa è piccola e scarsamente informata sui mercati esteri, compito chiave del consulente è quello di analizzare e selezionare il Paese dove l'operazione ha più chance di successo, **minimizzando al massimo il rischio di sbagliare** così da evitare che l'impresa affronti oneri elevati sia in termini di costi reali (costi in attività produttive, di marketing, di distribuzione) sia in termini di costi-opportunità (relativi all'aver investito tempo prezioso in mercati poco ricettivi e dal basso potenziale). Nel mio caso specifico, l'individuazione del Paese target si indirizza sui paesi del golfo persico, ossia Arabia Saudita, Bahrein, Kuwait, Oman, Qatar e soprattutto gli Emirati Arabi Uniti, e quale o quali emirati tra i sette che lo compongono, essendo questo il mio territorio di competenza e specializzazione.

Nel processo di selezione del mercato target due sono gli aspetti da considerare per valutarne la penetrabilità:

- **l'attrattività** che tiene conto del quadro macroeconomico del Paese (tasso di crescita del PIL, ricchezza pro-capite, domanda interna, il rischio Paese ecc.) del mercato potenziale relativamente al prodotto/servizio offerto dall'impresa, della coerenza tra la domanda e l'offerta;

- **l'accessibilità** che individua quei fattori connaturati al Paese, quali le barriere naturali (costi di trasporto, qualità delle infrastrutture, gap culturali, linguistici, stili di vita, comportamenti di acquisto e di consumo) e artificiali (dazi, tariffe, costo dell'energia, costo del lavoro ecc.).

Un mercato può essere attrattivo per una serie di motivi e non per questo essere accessibile, o talvolta le due dimensioni possono confondersi, quando, per esempio, l'ambiente culturale può rappresentare sia un ostacolo all'accessibilità di un Paese sia un motivo di attrazione per lo stesso.

La ricerca di mercato che un consulente deve eseguire non può prescindere dalla **valutazione della concorrenza**, sia da quella internazionale che da quella locale. Individuati i concorrenti bisognerà studiarli, analizzarne i punti di forza e di debolezza, e puntare sui vantaggi competitivi chiedendosi: perché il nostro prodotto/servizio dovrebbe vincere sul quel mercato? L'analisi della concorrenza ha come scopo anche quello di definire il prezzo di mercato del nostro prodotto/servizio, in concerto con altri elementi da esaminare come eventuali tariffe di importazione o tasse locali, eventuali provvigioni per agenti o mark-up per importatori e distributori.

Tutte le informazioni e i dati raccolti per tracciare la **scheda Paese** devono essere valutati accuratamente dal consulente, secondo un **appropriato sistema informativo di mercato.** I dati possono essere carenti o, al contrario, sovrabbondanti e discordanti tra loro. Compito del consulente è, pertanto, di analizzare le diverse fonti di informazione, classificabili in primarie e secondarie: le prime provengono da ricerche condotte ad hoc sul campo o già in possesso del consulente perché residente e operante quotidianamente nel Paese estero; le seconde provengono da tutti quegli organismi, istituzionali o privati, che pubblicano gratuitamente o a pagamento dati e informazioni sui diversi paesi esteri e che possono essere recuperati facilmente online, senza tuttavia la garanzia che siano aggiornati o correttamente interpretati.

La scheda Paese prodotta dal consulente può rappresentare una sorta di controprova di quanto esposto nel business plan nella sezione relativa alla ricerca e allo studio del Paese estero.

4. Ricerca di partner

La corretta individuazione dei partner e dei collaboratori locali è un passo di assoluto rilievo per l'iniziativa di internazionalizzazione. Questo è tanto più vero se il mercato di riferimento sono gli EAU. Come dirò meglio più avanti, in EAU selezionare un **partner affidabile e competente** può fare la differenza tra successo e fallimento, soprattutto nel momento in cui consegno il mio business nelle sue mani tramite un contratto di agenzia. Rivolgersi al consulente giusto, pertanto, è basilare per quest'attività. Come già dicevo più sopra, i soggetti che possono dare indicazioni in questo senso sono molteplici, tra camere di commercio, enti pubblici come l'ICE, società private specializzate in internazionalizzazione, o, come nel mio caso, professionisti esperti con forte competenza sul territorio e un ampio network sviluppato e testato attraverso business concreti realizzati nel tempo.

5. Assistenza tecnica

Per assistenza tecnica si intende la concreta esecuzione della modalità di ingresso da adottare nel mercato estero, ossia la soluzione che rende possibile il trasferimento all'estero del nostro prodotto/servizio. Nel business plan avevamo già individuato la modalità d'ingresso che ritenevamo più appropriata per il nostro progetto e per il nostro mercato di riferimento. Di nuovo, il consulente ha il compito di verificare che tale scelta sia la più consona alla mia iniziativa imprenditoriale, di proporne eventualmente altre e, infine, di mettere in pratica la decisione finale.

In sostanza, le tre modalità principali sono:

- **esportazione**: diretta o indiretta
- **insediamento diretto estero** (IDE)
- **accordi di partnership**: franchising, contratti di licenza, joint-venture

La scelta della modalità di ingresso è una decisione critica, che, se errata, ha ricadute sull'investimento stesso in termini di risorse. Inoltre, spesso è una scelta difficilmente reversibile nel breve periodo.

Il consulente è la persona più indicata a individuare la modalità di ingresso più idonea e a illustrarne vantaggi e svantaggi all'imprenditore. Stabilito ciò, l'assistenza tecnica del consulente ha a che fare con la contrattualistica, ossia la stipula di contratti societari, di accordi commerciali, di distribuzione, di fornitura o di accordi di carattere finanziario ecc. Per quest'attività è necessario interfacciarsi con un consulente dal profilo legale, esperto di contrattualistica internazionale.

6. Assistenza linguistica e logistica

Un ostacolo rilevante per le imprese che entrano in un mercato estero può essere talvolta la lingua del Paese di destinazione. Spesso non è solo una questione meramente linguistica, ma soprattutto culturale. Nel caso degli EAU, se anche è vero che i rapporti d'affari sono condotti in lingua inglese e che quindi non è necessario masticare l'arabo, conoscere i **codici di comportamento** degli operatori locali è di assoluta utilità. Il consulente che opera sul territorio deve poter offrire un supporto che non si limiti al reclutamento di interpreti quando necessario, ma che abbia quella **sensibilità culturale specifica in ambito business**.

Faccio un esempio pratico. Se per costituire una società con un partner locale occorresse un anno di tempo, cosa pensereste? Che probabilmente quell'emiratino non è davvero interessato, oppure non è serio. Questo è un errore culturale. La **dimensione del tempo** per gli emiratini non equivale alla nostra occidentale. Gli arabi in generale sono molto lenti negli affari ed è loro consuetudine portare avanti le trattative per molti mesi, fino anche all'anno, prima di arrivare alla firma finale. E può anche capitare che, dopo quell'anno di tempo, la trattativa conclusiva si chiuda addirittura nel cuore della notte.

Per quanto riguarda l'assistenza logistica, riveste anch'essa un ruolo fondamentale, soprattutto per l'impresa che si orienta verso la modalità dell'export. Lo studio Paese condotto in precedenza ha già rivelato le caratteristiche della rete dei trasporti, del quadro doganale e gli eventuali costi connessi a dazi e tariffe. Inoltre, la ricerca dei partner avrà coinvolto anche i soggetti legati a questo aspetto, individuando per esempio lo spedizioniere più idoneo a risolvere i problemi riguardanti l'aspetto pratico del trasporto delle merci affrontando le tariffe e le norme doganali.

7. Assistenza finanziaria e/o commerciale

L'assistenza in un progetto complesso com'è l'internazionalizzazione d'impresa può definirsi completa quando copre l'intero arco delle operazioni: dalla pianificazione, all'apertura delle trattative, alla costituzione di un'impresa estera, alla sua gestione operativa successiva, che si concentra per lo più su aspetti di carattere finanziario e commerciale/marketing.

Per quanto riguarda l'assistenza finanziaria, il consulente potrà guidare l'imprenditore verso l'identificazione degli strumenti nazionali ed europei di sostegno all'internazionalizzazione (contributi, finanziamenti e agevolazioni pubbliche e provate, fondi ecc.), se necessari.

L'assistenza commerciale e di marketing è legata a doppio filo con il **know-how del mercato indigeno** posseduto dal consulente, che abbraccia un ampio spettro di competenze, già menzionate in precedenza: dalla conoscenza del carattere della domanda e della sua segmentazione in relazione all'offerta, all'individuazione dei fattori competitivi che è necessario acquisire per operare su un determinato mercato, agli aspetti fiscali, legali e doganali, alla possibilità di fiere, missioni, scambi, alle alleanze con gli stakeholder e i referenti istituzionali ecc. Questo tipo di supporto da parte del consulente non dovrebbe ridursi alla fase di avviamento del business ma accompagnare l'imprenditore per il periodo di tempo necessario a renderlo autonomo nel Paese estero.

Abbiamo passato in rassegna tutte le fasi che andrebbero condotte per predisporre e realizzare concretamente un buon progetto di internazionalizzazione. Come accennato più sopra, sono attività che richiedono un elevato livello di competenza e know-how dei mercati internazionali e, pertanto, difficilmente potranno essere svolte autonomamente dall'imprenditore in modo puntuale e accurato. Per questo motivo, il consulente si rivela una figura essenziale in quest'impresa, la cui funzione deve essere quella di assistere l'imprenditore passo dopo passo accompagnandolo e sostenendolo nell'implementazione della "internazionalizzazione" della sua azienda e lungo il suo percorso di insediamento nel territorio emiratino.

In breve, il consulente svolge un ruolo preciso fase per fase che si sostanzia in:

1. ascolta le indicazioni e le esigenze dell'imprenditore, ne fa un esame preliminare e le rielabora in forma operativa, indicando la soluzione più efficace per entrare nel mercato (strategy planning);

2. mette in contatto l'imprenditore con i diversi professionisti necessari a coprire ogni ambito dell'operazione, non solo quello fiscale, come detto sopra, ma per esempio anche quello relativo allo studio di mercato e al business plan (solution design);

3. esamina e adatta il business plan, qualora l'imprenditore lo abbia elaborato autonomamente, alla luce di costi o spese di cui non era consapevole;

4. consiglia in tema di governance;

5. ottiene la licenza, predispone i contratti commerciali;

6. fa follow up, ossia non solo si assicura che quello che sta facendo l'imprenditore sul territorio sia nel pieno rispetto della normativa locale, ma continua a supportarlo per favorire il successo commerciale dell'iniziativa.

II.2 Modalità di ingresso negli EAU

Eccoci ora a trattare nello specifico gli Emirati Arabi Uniti e le modalità di ingresso previste, cioè i vari tipi di insediamento previsti di un'attività economica. Da legale, questa è la materia su cui ho una competenza completa e approfondita. Durante la mia esperienza professionale in loco a Dubai, ma anche prima del mio trasferimento permanente quando gestivo l'attività dall'Italia, ho trattato un ampio spettro di casistiche e possibilità, di cui vi esporrò le esperienze più significative durante il prosieguo del libro.

Come avevo già accennato nel capitolo precedente, la prima distinzione che va applicata nel territorio degli EAU è quella tra **società costituite in "mainland"** e **società costituite nelle free zones**. In sostanza, il mainland è tutto il territorio emiratino non compreso nelle free zones. Partiamo da qui.

II.2.1. Mainland

In mainland (o secondo un'altra espressione "on-shore") si può operare attraverso queste strutture:
1. **Sole Proprietorship / Establishment**
2. **Commercial Companies**
3. **Civil Companies**
4. **Filiali e uffici di rappresentanza**
5. **Contratti di agenzia**
6. **Joint venture**

1) Sole Proprietorship / Establishment
- Si tratta di un'impresa individuale posseduta interamente da un solo azionista o proprietario che è personalmente e illimitatamente responsabile per le obbligazioni sociali secondo il capitale conferito.
- Questa forma societaria può condurre **attività commerciali o professionali** all'interno dell'emirato in cui è registrata.
- Le attività commerciali sono però riservate ai soli cittadini di nazionalità emiratina o residenti nei paesi appartenenti al Consiglio del Golfo (GCC).
- **Le attività professionali possono essere condotte dagli stranieri, attraverso l'ottenimento di una licenza professionale** richie-

sta per le professioni di architetto, ingegnere, medico, notaio, consulente commerciale, finanziario, legale, informatico.

• Un Sole Establishment posseduto da uno straniero deve nominare un cittadino emiratino che agisca come "**local service agent**" (o **sponsor**) per ottenere tutte le autorizzazioni richieste per operare nel Paese, come i permessi di lavoro, i visti e altre approvazioni governative.

2) Commercial Companies
In mainland vige dal 1 luglio 2015 la Federal Law n. 2 del 2015 riguardante le Commercial Companies (**New CCL**) che sostituisce, dopo lunga attesa, la legge federale n. 8/1984 (Old CCL) e che rappresenta la principale fonte del diritto societario o commerciale degli EAU, disciplinando **cinque forme giuridiche** che le società commerciali possono assumere. Se si costituisce una società non è riconducibile ad alcuna delle tipologie previste, essa è considerata nulla e il titolare è giudicato personalmente e illimitatamente responsabile delle obbligazioni conseguenti.

Per ogni forma giuridica sussistono i seguenti requisiti di validità:
• **partecipazione alla società di soggetti di nazionalità emiratina con una quota non inferiore al 51%** (tranne per le Joint Liability Company e le Simple Commandite Company, in cui tutti i joint partner devono essere di nazionalità emiratina).
• redazione dell'atto costitutivo in arabo certificato dal notaio;
• registrazione dell'atto costitutivo presso il Commercial Register;
• autorizzazione dell'Emirato territorialmente competente;
Le restrizioni sulla partecipazione straniera sono state oggetto di dibattito per lungo tempo e per anni si è creduto che tale provvedimento venisse prima o poi modificato. La nuova legge, invece, non cambia in sostanza la regola per cui una società, se in mainland, deve essere obbligatoriamente così composta:
• **51% (proprietà emiratina) / 49% (proprietà straniera);**
• **100% proprietà di soggetti residenti nei paesi appartenenti al Consiglio del Golfo (GCC - Arabia Saudita, Bahrein, Emirati Arabi Uniti, Kuwait, Oman e Qatar).**
Esistono delle eccezioni per le quali la nuova CCL non si applica.

Ecco quali:

- società operanti nelle free zones, o zone di libero scambio, a meno che tali società non abbiano il permesso da parte delle free zone in cui sono costituite di operare anche all'esterno, in mailand, nel qual caso la nuova legge si applica anche ad esse;
- società detenute al 100% dal governo federale o dal governo locale;
- società partecipate dal governo federale o dal governo locale per almeno il 25% e operanti in ambito energetico (petrolio, gas, elettricità) in tutte le fasi (esplorazione, lavorazione, commercializzazione, trasporto e distribuzione) o della desalinizzazione dell'acqua;
- società già esonerate per effetto della precedente legge federale n. 8/1984;
- società escluse per specifica risoluzione delle autorità competenti.

Ora vediamo le cinque tipologie di società commerciali previste in mainland dalla New Company Law:

a. **Joint Liability Company**
b. **Simple Commandite Company**
c. **Limited Liability Company**
d. **Public Joint Stock Companies**
e. **Private Joint Stock Companies**

a) Joint Liability Company (JLC)

- Detta anche "general partnership".
- Si tratta di una società formata da due o più soci di natura fisica solidamente e illimitatamente responsabili per le obbligazioni sociali.
- Solo cittadini di nazionalità emiratina possono costituire una JLC; questa possibilità è esclusa agli stranieri in quanto la maggioranza dei loro beni è presumibilmente situata al di fuori degli EAU. Per questo motivo, non ci dilungheremo su questa modalità che è preclusa all'imprenditore straniero.

b) Simple Commandite Company (SCC)

- Detta anche "simple limited partnership" o "sleeping partnership".
- Si tratta delle nostre S.a.S., società in accomandita semplice.
- La società è composta da uno o più soci accomandatari (joint partner) dotati di responsabilità illimitata per le obbligazioni sociali e di uno o più soci accomandanti (silent partner) responsabili limitatamente al capitale conferito.
- Anche in questo caso gli unici destinatari di tale forma giuridica sono i cittadini di nazionalità emiratina, per cui passeremo subito al prossimo punto, che è per noi più interessante.

c) Limited Liability Company (LLC)

È la forma societaria più diffusa negli EAU e, per questo motivo, ci soffermeremo un po' di più sulle LLC, che sono assimilabili alle nostre S.r.l., società a responsabilità limitata.

- La ragione principale della sua maggiore incidenza è che gli stranieri possono parteciparvi come soci limitando la loro responsabilità al solo capitale conferito.
- I soci, minimo due e massimo cinquanta, possono essere persone fisiche o giuridiche e, come detto, sono responsabili nei limiti del capitale conferito.
- Vige il requisito del **51-49%** per la partecipazione societaria.

L'individuazione del giusto partner è un elemento fondamentale nella costituzione di una LLC, ma anche, come vedremo più avanti, nella formazione dei contratti di agenzia. L'agente locale, infatti, può rappresentare un punto a favore quando è in grado di contribuire allo sviluppo del business grazie alla sua appartenenza alla comunità degli imprenditori locali e alla sua conoscenza di esponenti governativi. Tuttavia, molte società straniere sottoscrivono generalmente degli "**side agreements**" (accordi collaterali) che definiscono con chiarezza i rapporti tra le parti e in forza dei quali l'agente locale si trasforma in "**silent partner**", ossia in un socio esclusivamente detentore di quote a titolo fiduciario che non interviene nella gestione della società e nella distribuzione dei dividendi. Sebbene tali patti siano previsti dalla legge e validi, è bene sapere che sono comunque subordinati allo statuto e alla legislazione societaria degli EAU. Pertanto, è sempre meglio appoggiarsi a un **partner locale di fiducia**, che sia disponibile a diventare silent partner e quindi a limitare o rinunciare ai principali diritti di un azionista (distribuzione degli utili e partecipazione all'assemblea generale) dietro pagamento di un compenso annuale o di percentuali sul fatturato.

- Il capitale sociale deve essere sufficiente a raggiungere gli scopi per cui la società è stata costituita e suddiviso in quote di pari valore nominale. Le autorità competenti possono determinare il limite minimo di capitale che una società deve versare.

- La società può avere da uno a più amministratori, che possono essere eletti tra i soci o anche tra terze parti e possono agire con i più ampi poteri in nome della società, se non specificamente definiti nello statuto. Se l'amministratore è più di uno, la società dovrà nominare un Consiglio di Amministrazione (Board of Directors).

- La LLC dispone di una Assemblea generale formata da tutti i soci, che viene convocata su invito dell'amministratore o del Consiglio di Amministrazione almeno una volta all'anno entro i quattro mesi successivi la fine dell'anno finanziario della società.

- Se il numero di soci della società è superiore a sette, è previsto anche un organo di sorveglianza (Supervisory Board) composto da almeno tre soci, con il compito di esaminare i libri contabili e i documenti della società e di supervisionare la gestione degli amministratori, presentandone una relazione all'Assemblea generale.

- La precedente legge limitava il numero degli amministratori a un massimo di cinque, il che costituiva talvolta un problema per le **joint venture**. In questo modo, essendo rimosso il limite, si è introdotta una maggiore flessibilità e in sede di consiglio possono intervenire, più prudentemente, tutte le "voci" dei partner chiave.

- La costituzione di una LLC da parte di una sola persona fisica o giuridica che ne è unica proprietaria è stata resa possibile con la nuova Company Law del 2015; tuttavia, tale modifica, date le restrizioni sulla partecipazione emiratina al 51% per le società straniere, pare essere ad esclusivo vantaggio degli imprenditori emiratini.

- Le LLC devono tenere i libri contabili aggiornati e sempre disponibili per la visione di soci e azionisti presso la sede centrale della società per un periodo di almeno cinque anni. Devono, inoltre, avere uno più revisori che si occupino della revisione contabile annuale, redatta secondo i criteri contabili internazionali (IAS/IFRS), che diano un quadro chiaro e accurato degli utili e le perdite della società.
- Il **regime fiscale** di cui godono le LLC prevede:
- ↝ nessuna imposizione sul reddito prodotto dalla società;
- ↝ nessuna ritenuta fiscale sui dividendi degli azionisti;
- ↝ nessun onere sociale a carico della società nei confronti dei propri dipendenti, ad eccezione di quelli di nazionalità emiratina.

d) Public Joint Stock Companies (Public JSC)

- Si tratta delle nostre S.p.A., società per azioni.
- Questa forma giuridica è obbligatoria per tutte le società in cui sia socio un ente pubblico (il governo federale, locale o qualsiasi società o ente detenuto da essi detenuto).
- Il capitale della società è suddiviso in azioni di uguale valore nominale e negoziabili, parte delle quali sono sottoscritte dai soci fondatori e la restante parte è destinata al pubblico tramite offerta pubblica.
- Il capitale sociale non può essere inferiore a 30 milioni di AED.
- I soci fondatori devono essere almeno cinque; tuttavia, se l'ente pubblico è anche socio fondatore, il numero può essere inferiore.
- La quota che i soci fondatori sottoscrivono deve essere compresa tra il 30 e il 70% del capitale societario.
- Entro quindici giorni lavorativi dalla data di registrazione della società presso il Commercial Register, il Consiglio di Amministrazione è tenuto a quotare la società presso uno dei mercati finanziari autorizzati dallo Stato. L'offerta pubblica, che deve essere pubblicizzata su due quotidiani locali, di cui uno in lingua

araba, rimane aperta per un periodo minimo di dieci giorni fino ad un massimo di trenta; se entro tale termine non è stato possibile allocare tutte le azioni, il periodo può essere esteso ad ulteriori dieci giorni lavorativi, raggiunti i quali, se l'operazione non è andata a buon fine, i soci fondatori possono decidere di ridurre il capitale sociale o di liquidare le quote versate.

- La gestione della società fa capo al Consiglio di Amministrazione, il cui metodo di formazione, il numero di membri previsti e il termine dell'incarico sono enunciati nello statuto. Il numero dei membri non può tuttavia essere inferiore a tre e superiore a undici e il loro incarico non può superare il periodo di tre anni di calendario.

- Il presidente e la maggioranza dei membri del Consiglio di Amministrazione devono essere di nazionalità emiratina.

- Il Consiglio di Amministrazione è tenuto a convocare l'Assemblea generale almeno una volta all'anno, entro i quattro mesi successivi la fine dell'anno finanziario della società. Ogni azionista ha il diritto di partecipare all'assemblea e di votare con un numero di voti pari al numero di azioni possedute.

- Se un azionista possiede almeno il 5% di azioni e ritiene che la gestione della società sia condotta a detrimento degli interessi di tutti o di parte degli azionisti ha la facoltà di rivolgersi all'autorità competente sottoponendo tutti i documenti a supporto.

- Nel caso una Public JSC perda metà del suo capitale sociale, il Consiglio di Amministrazione è tenuto a convocare l'Assemblea generale di tutti gli azionisti entro trenta giorni dalla data di notifica presso il Ministero o l'autorità competente per decidere se procedere alla liquidazione o continuare l'attività; in caso l'Assemblea generale non giunga ad una risoluzione in merito, ogni azionista o parte interessata può ricorrere per ottenere la liquidazione della società.

e) Private Joint Stock Companies (Private JSC)
- Le Private JSC presentano le stesse caratteristiche delle Public JSC, con tre eccezioni:
⤳ Si tratta di S.p.A. "private" o "chiuse", dove cioè le azioni non

possono essere offerte al pubblico, ma devono essere sottoscritte interamente dai soci fondatori.

☞ Gli azionisti devono essere almeno due e non superare il numero di duecento, che si suddividono il capitale sociale secondo quote di uguale valore nominale.

☞ Il capitale sociale non può essere inferiore a 5 milioni di AED e va versato integralmente.

3) Civil Companies

- Se la mia attività è professionale, e non commerciale, allora potrò stabilire una Civil Company.

- Si tratta di un'associazione di due o più persone per svolgere un'attività professionale, come società di consulenza in ambito legale, del management o delle risorse umane e imprese artigiane.

- A differenza delle Commercial Companies, le Civil Companies possono essere **possedute al 100% da stranieri** e, come il Sole Establishment, hanno solo bisogno di appoggiarsi ad un local service agent.

- I soci delle Civil Companies sono solidamente e illimitatamente responsabili per le obbligazioni sociali.

4) Filiali (Branch) e uffici di rappresentanza (Rep Office)

- La filiale di una società straniera, in quanto posseduta interamente dalla società madre, può operare in mainland aggirando l'ostacolo del 51% di partecipazione da parte di imprese locali esclusivamente dotandosi di uno **sponsor**, ossia dell'agente locale già menzionato o, nel caso di persona giuridica, di un'azienda a capitale interamente emiratino. Tale soggetto è necessario all'impresa per ottenere tutte le autorizzazioni richieste per operare nel Paese, senza che si assuma alcuna responsabilità od obbligazione finanziaria o commerciale.

- La filiale deve essere registrata presso il Foreign Companies Register e ricevere le necessarie approvazioni e licenze prima di iniziare alcuna attività.

- La filiale non è riconosciuta come personalità giuridica autonoma rispetto alla casa madre e può svolgere solo le attività menzionate nel suo statuto, e quindi avvalersi esclusivamente della licenza relativa.

- Le filiali mainland sono più idonee nell'ambito del settore Oil&-Gas e quindi per licenze industriali e di servizi. Non vengono generalmente rilasciate licenze commerciali alle filiali, riservate soltanto alle LLC (*limited liability company*).

- Se una società straniera opta per l'apertura di un ufficio di rappresentanza, questo avrà esclusivamente funzioni, per l'appunto, di rappresentanza in loco della casa madre e potrà svolgere solo **attività di marketing e promozione** dei prodotti e servizi della casa madre, volte allo sviluppo del portafoglio clienti locale. È vietato condurre qualsiasi funzione commerciale o assumere obbligazioni contrattuali.

- L'ufficio di rappresentanza deve rispettare un limite massimo di dipendenti che può assumere.

- La forma organizzativa dell'ufficio di rappresentanza non è riconosciuta nell'emirato di Abu Dhabi.

5) Contratti di agenzia (*"agency agreements"*)

- Se non intendo stabilire una filiale o una società negli EAU, posso decidere di operare nel Paese attraverso un contratto di agenzia. Così come per la filiale che deve dotarsi di uno sponsor, anche un contratto di agenzia richiede di nominare un **agente locale** per vendere in mainland.

- Esistono due tipologie di contratto: registrato e non registrato:

↪ **Contratto di agenzia registrato**: può essere di durata determinata o indeterminata, è legalizzato da un notaio e tradotto in arabo. Vige l'obbligo che l'agente sia un cittadino di nazionalità emiratina oppure una società posseduta interamente da cittadini degli EAU, e che tale agente sia registrato presso il *Commercial Agency Register* del Ministero dell'Economia. È bene sapere che, quando si sottoscrive un contratto di agenzia registrato, all'agente viene conferita l'esclusiva sulla commercializzazione dei prodotti nei territori stabiliti e gli viene garantita una provvigione per ogni operazione conclusa nell'area di sua competenza, a

prescindere da chi abbia effettivamente concluso la trattativa.
Oltre a questo evidente squilibrio tra le parti, c'è anche il fatto
che, una volta sottoscritto un contratto di agenzia regolamen-
tato dalla legge UAE 18/1981 (e successive modifiche) e registrato presso il Ministero dell'Economia, è assai difficile che
possa in un futuro essere risolto in caso di inadempimento da
parte dell'agente o in caso di mancato raggiungimento degli
obiettivi (soprattutto se è un contratto a tempo indeterminato). L'impegno che spesso si assume l'agente è quello del *"best
effort"* (massimo impegno), che tuttavia non rappresenta una
formula oggettiva e univoca. La normativa locale prevede che
le controversie relative a tali contratti siano assegnate in via
esclusiva ad una apposita Commissione che tenderà a favorire
e proteggere gli interessi dell'agente emiratino e difficilmente
si esprimerà a favore dell'investitore straniero. Tutti questi elementi suggeriscono facilmente come questa sia una tipologia
di contratto da utilizzare con cautela e solo nel caso in cui la
controparte sia affidabile.

↪ Contratto di agenzia non registrato: in questo caso non è necessario che l'agente sia di nazionalità emiratina, anzi è consentito
nominare come agenti individui di qualsiasi nazionalità o società estere in possesso della licenza per operare all'interno degli
EAU. È un tipo di accordo molto meno "blindato", in quanto
non sono date indicazioni prescrittive in termini di esclusiva o
durata ma i vari aspetti da regolamentare vengono determinati
in totale autonomia tra le parti.

6) Joint venture

• È un modello di cooperazione che coinvolge due o più persone
fisiche o giuridiche che decidono di associarsi per la realizzazione di un investimento o di un'attività in un settore d'interesse
comune.

• Le parti condividono i profitti e le perdite derivanti dall'attività
economica comune condotta nel nome dei uno dei soci di nazionalità emiratina.

• Le joint venture sono uno strumento atipico, ossia non sono
espressamente disciplinate dal diritto civile ma sono **create ad**

hoc dalle parti, che sono libere di definire reciproci obbligazioni e diritti sulla base della normativa locale del territorio in cui opereranno.

- Parlerò dettagliatamente delle joint venture nel prossimo capitolo.

La nuova *Company Law* del 2015 ha, inoltre, introdotto il riconoscimento della *Holding Company*, che non era prevista nella vecchia legge.

Che cos'è una *holding company*? È una *Joint Stock Company* o una *Limited Liability Company* che stabilisce società controllate all'interno degli EAU o all'estero o esercita il controllo su società esistenti, detenendovi partecipazioni che le consentono di controllarne la gestione e influenzarne le decisioni. Una *holding company* non può condurre attività se non attraverso le sue società controllate.

L'ambito di azione di una holding company è compreso nelle seguenti attività:

- detenere azioni o titoli di *Joint Stock Company* o *Limited Liability Company*;
- concedere prestiti, garanzie, finanziamenti alle sue filiali;
- acquistare beni mobili e beni immobiliari necessari all'inizio dell'attività;
- gestire le sue società controllate;
- acquisire diritti di proprietà industriali derivanti da brevetti, marchi commerciali, *royalties* o simili e concederne l'uso alle sue società controllate o ad altre società.

Una società è controllata da una *holding company* nei seguenti casi:

- se la *holding company* detiene partecipazioni maggioritarie nel capitale della società e controlla la formazione del suo Consiglio di Amministrazione;
- se la società è sotto influenza dominante di un'altra società (in questo casa sarà una società collegata).

Riconoscendo il concetto di holding company, l'obiettivo degli EAU è quello di accrescere l'attrattività del Paese per i grandi gruppi multinazionali che ora possono pensare a ristrutturarsi o a stabilire una presenza in EAU.

II.2.1.1. Regime fiscale

Vediamo ora brevemente a che tipo di regime fiscale sono soggette le società costituite nel mainland degli EAU.

Premetto che, come abbiamo già visto, gli EAU hanno un sistema politico strutturato a livello federale, nel quale tuttavia ogni Emirato mantiene alcune competenze esclusive, tra cui la legislazione fiscale e tributaria, che appunto non esiste a livello federale. Inoltre, all'interno di ogni Emirato c'è una divergenza marcata tra normativa e prassi applicativa; accade, cioè, con grande frequenza che la riscossione di certi tributi, seppur regolamentata, rimanga inapplicata. Per esempio, negli Emirati di Dubai, Abu Dhabi e Sharjah sono in vigore delle norme che prevedono un generale regime di imposizione societaria ma, nella pratica, solo le aziende che operano nei settori petrolifero, del gas naturale e petrolchimico, e le filiali di istituti bancari sono tenute al pagamento delle imposte. Vediamo quindi nello specifico il regime fiscale applicato in questi tre Emirati, che presenta complessivamente le stesse caratteristiche:

- la normativa prevede che tutte le società siano tenute a versare le imposte in relazione al reddito prodotto e secondo aliquote che variano progressivamente per scaglioni di reddito fino ad un massimo del 55%.
- la pratica, tuttavia, vede **applicato il prelievo tributario solo alle società che operano nei settori petrolifero, del gas naturale e petrolchimico e alle filiali di istituti bancari** (per Abu Dhabi, anche sui servizi alberghieri e di intrattenimento); le società petrolifere, oltre a pagare le royalties sulla produzione, subiscono un prelievo del 55% sul reddito di provenienza emiratina, mentre per gli istituti di credito il prelievo è del 20%.
- i **dazi doganali sono molto bassi** (pari al 5% del valore CIF[5]) e le esenzioni (*duty-free products*) sono numerose, per esempio per i generi alimentari di consumo; per i prodotti farmaceutici; per le materie prime, i pezzi di ricambio e l'attrezzatura importati a fini industriali; per gli effetti personali introdotti nel Paese da parte dei cittadini residenti all'estero o degli stranieri residenti

per la prima volta negli EAU (solo per determinate categorie di prodotto i dazi sono molto alti: il 50% del valore CIF per l'importazione di alcool e liquori, il 100% del valore CIF per l'importazione del tabacco).

- **NON vi sono imposte** non solo **sul reddito delle società**, ma nemmeno **sui redditi delle persone fisiche, sulle vendite, né ritenute alla fonte, né imposte di bollo.**
- l'ottenimento della *business license* è a pagamento, così come il suo rinnovo annuale.
- l'**IVA**, al momento inesistente, verrà introdotta ufficialmente in tutti i paesi del GCC a partire dalla fine del 2018 con aliquota pari al 5%, il cui gettito avrà l'effetto di abbassare il livello impositivo delle società operanti nei settori petrolifero, del gas naturale e petrolchimico.
- è prevista un'imposta relativa alla registrazione dei contratti di compravendita immobiliare che è pari al 4% del prezzo dichiarato.
- la maggior parte degli Emirati prevede una *"property tax"*, ossia una tassa in capo agli inquilini di immobili residenziali e commerciali calcolata sul canone annuo della proprietà; per i canoni ad uso residenziale l'aliquota è pari al 5%, per quelli ad uso commerciale sale fino al 10%.
- Abu Dhabi ha introdotto questa tassa solo nel 2016 ed è pari al 3% del canone annuo di affitto, ma esclusivamente per gli expat, non per i cittadini emiratini.

II.2.2. Free zones

Passiamo ora a esaminare le free zone, o zone franche, che, come abbiamo detto, sono porzioni delimitate di territorio all'interno delle quali la Legge Federale non si applica e che quindi godono di alcune esenzioni rispetto agli obblighi da essa previsti. Le zone franche sono utilizzate come aree di transito, di importazione ed esportazione delle merci e quindi in genere sono localizzate in prossimità di nodi di trasporto marittimo ed aereo. Esercitano, inoltre, una forte attrattività per gli investimenti esteri in attività quali trading, logistica e trasformazione industriale. All'interno delle free zone sono previste tre tipologie di insediamento:

1. **filiale di società madre**
2. **Free Zone Company**
3. **Free Zone Establishment**

Vediamole nel dettaglio.

1) Filiale di società madre

* La filiale costituita in free zone è posseduta al **100% dalla società madre** e non ha bisogno di appoggiarsi ad uno sponsor emiratino.
* Il consiglio di amministrazione della società madre deve approvare una risoluzione per la creazione di una free zone company in EAU, nominare l'amministratore e far certificare la risoluzione, lo statuto e l'atto costitutivo dall'ambasciata locale in EAU.
* Non è richiesto alcun capitale sociale minimo.

2) Free Zone Company (FZC-LLC)

* È una società a responsabilità limitata (la *Limited Liability Company* - LLC) che può essere **detenuta al 100% da proprietà straniera** e che può operare solo all'interno della free zone in cui è registrata e fuori dagli EAU. Se una FZC ottiene l'autorizzazione da parte della free zone in cui è costituita di operare anche all'esterno, in mainland, allora la Legge Federale si applica anche ad essa.
* I requisiti di base per una FZC sono i seguenti:
* ↪ possedere una **licenza** (*trade license*) relativa all'attività che si intende condurre, da rinnovare ogni anno;
* ↪ avere più di un socio la cui responsabilità è limitata all'ammontare del capitale corrisposto;
* ↪ versare il capitale sociale minimo richiesto, che varia da free zone a free zone;
* ↪ avere un ufficio nella free zone, la cui locazione va rinnovata

ogni anno;

↪ avere un amministratore, che agisca da legale rappresentante della società, e un segretario, entrambi persone fisiche, di cui una delle due deve risiedere negli EAU. I due ruoli possono essere rivestiti dalla medesima persona;

↪ **operare all'esterno della free zone solo attraverso un distributore o agente locale.**

2) Free Zone Establishment (FZE)

• si tratta di una free zone company composta da un singolo individuo a cui si applicano i medesimi requisiti qui sopra elencati.

II.2.2.1. Incentivi e benefit

Quali sono i maggiori incentivi fiscali e i vantaggi di cui godono le società costituite in free zone?

• **100% di proprietà dell'attività in capo allo straniero;**

• **possibilità di rimpatrio, al 100% e senza alcuna formalità, di profitti ed utili;**

• **esenzione al 100% dai dazi d'importazione e di esportazione,** se le merci non sono destinate al mercato degli EAU;

• operazioni societarie gratuite fino a un certo periodo tempo, variabile a seconda della singola free zone ma generalmente non inferiore a quindici anni;

• **nessuna tassa sul reddito personale o sulle plusvalenze;**

• procedure di assunzione del personale semplici ed efficienti e disponibilità di manodopera competitiva, qualificata ed esperta;

• completa libertà nell'assunzione del personale che può essere anche interamente straniero (*expat*);

• locazione con opzione di acquisto della durata di 25 anni, larga presenza di magazzini e depositi, larga disponibilità di aree per la produzione e l'assemblaggio;

• tempi di costituzione molto veloci (circa 28 giorni) e alto livello di supporto amministrativo da parte delle autorità della zona franca;

- sistema bancario altamente flessibile e abituato ad operare con investitori internazionali;
- fornitura energetica abbondante e a basso costo.

C'è un ultimo elemento da considerare quando si apre un'attività economica negli EAU, ossia le **licenze**. Le ho già citate qua e là descrivendo le varie forme di insediamento permesse, ma qui trovate l'elenco completo.

Le *"business licenses"* sono autorizzazioni settoriali a condurre affari nel Paese; ogni attività economica condotta da imprese o soggetti sia locali che stranieri deve, infatti, essere appropriatamente autorizzata dalle autorità locali in cui intende svolgersi.

Se un'impresa volesse praticare più di una attività deve richiedere una licenza per ogni categoria d'attività.

Tutte le società registrate presso una free zone in EAU sono obbligate ad ottenere una licenza che le autorizza ad operare all'interno della stessa e al di fuori degli EAU, ma non in mainland. Se le operazioni sono rivolte anche in mainland, esse possono essere svolte solo da agenti commerciali, rappresentanti, distributori o aziende madri con licenza dell'autorità degli EAU.

In mainland il requisito obbligatorio della licenza è riservato alle *limited liability company*.

Le licenze sono rinnovabili annualmente e ne esistono di sei tipologie:

a. **licenza commerciale**: è concessa a società che intendono importare, vendere, esportare, distribuire ed immagazzinare alcuni specifici beni e classi di prodotti indicati nella licenza (le licenze che consentono di trattare qualsiasi tipo di prodotto sono concesse molto raramente);

b. **licenza industriale**: necessaria quando l'attività d'impresa ha ad oggetto l'importazione di materiali grezzi, la produzione di determinati prodotti e l'esportazione dei prodotti finiti all'estero;

c. **licenza di servizi**: anche in questo caso la licenza dà diritto ad operare in specifici settori di servizi. Un ulteriore requisito per ottenere il rilascio della licenza è che, se il servizio è reso da una filiale di società straniera, quest'ultima abbia analoga licenza nel proprio Paese d'origine;

d. **licenza professionale**: richiesta per svolgere nel Paese l'attività di architetto, ingegnere, medico, notaio, consulente commerciale, legale, finanziario, informatico ecc.;

e. **licenza edilizia**: esiste una licenza generale che consente di costruire ogni tipo di struttura edilizia, meccanica, elettrica, petrolifera e licenze differenziate a seconda delle specifiche tipologie di costruzione;

f. **licenza per attività industriali "nazionali"**: rilasciata ad aziende industriali registrate sia all'interno che all'esterno degli EAU, solo nel caso in cui dimostrino di essere possedute almeno al 51% da soggetti residenti nei paesi appartenenti al Consiglio del Golfo e che la loro produzione sia effettuata in loco per almeno il 40% del valore aggiunto. Tali aziende devono ottenere l'approvazione del Ministero della Finanza e dell'Industria. Una licenza per l'industria nazionale garantisce alla società detentrice gli stessi diritti delle aziende nazionali o GCC, e i prodotti esportati ad altri stati GCC sono esenti da dazi doganali.

Con questo capitolo mi sono posto l'obiettivo di fare un quadro il più possibile chiaro e fruibile per tutti di cosa vuol dire internazionalizzare un'impresa, per poi concentrarmi sul mio territorio di competenza, gli Emirati Arabi Uniti, che, se avete acquistato questo libro, è anche il vostro mercato di interesse. Abbiamo distinto il Paese in due aree distinte - mainland e free zone - delineando per ognuna le varie forme di insediamento previste e le condizioni fiscali applicate. Nel prossimo capitolo tratterò nello specifico la formula della joint venture, che rappresenta l'operazione maggiormente realizzata negli EAU e sui cui esporrò alcuni casi di studio su cui ho lavorato durante la mia esperienza professionale.

Concludo questa parte passando subito a muovermi nel campo della pratica, attingendo da esempi pratici occorsi nel corso degli anni.

II.3. Dalla teoria alla pratica

In questo paragrafo prendo spunto dalla mia esperienza personale per condividere con voi quelle che sono le prime domande che un investitore tipicamente si pone nel momento in cui decide di realizzare un processo di internazionalizzazione qui negli EAU. Affrontare e risolvere opportunamente queste prime domande è fondamentale per la buona riuscita di tutta l'impresa, perché costruire un progetto di questo tipo è un'operazione ampia ed articolata, come abbiamo detto fin dall'inizio. Usando una metafora, è un po' come costruire un edificio, mattone-calce-mattone; se le fondamenta non sono solide, il risultato finale sarà poco affidabile.

Quali sono le tipiche domande che mi vengono poste inizialmente da un imprenditore?

1. **È meglio entrare sul mercato da soli o trovare un partner locale?**
2. **Che tipo di partner scegliere? Uno sleeping partner o un partner effettivo?**
3. **Quali garanzie ho che il partner faccia entrare la mia azienda sul mercato e raggiungere i risultati sperati?**

Rispondiamo alla prima domanda. Secondo la mia esperienza, sono due generalmente i soggetti che decidono di rispondere "entro da solo":

- l'imprenditore che, avendo già qualche anno di esperienza di business nell'area, conosce le regole per entrare sul mercato e si sente sicuro a strutturarsi localmente in autonomia;
- le aziende che per loro policy non entrano mai sui mercati esteri con partner locali perché vogliono mantenere il 100% del controllo (ricordo che **negli Emirati, ad eccezione delle free zone, vige la formula del 49-51%, ossia almeno il 51% della proprietà delle quote deve essere detenuto da soggetti di nazionalità emiratina**).

In questi casi i due soggetti hanno due opzioni sul tavolo: o decidono di operare in mainland e si strutturano attraverso una filiale, un ufficio di rappresentanza o un contratto di agenzia, soluzioni che non prevedono l'obbligo del 49-51% ma solo di nominare un emiratino come *service agent*, necessario per il disbrigo di pratiche burocratiche, come il rinnovo della licenza o l'apertura dei visti di residenza; oppure decidono di insediarsi in una free zone, dove la proprietà può essere al 100% in capo al cittadino straniero.

Chi ha le idee subito chiare riguardo a come sia meglio strutturarsi negli EAU costituisce, tuttavia, una piccola minoranza. La maggior parte delle volte è necessario dare un quadro dettagliato del panorama emiratino e soprattutto spiegare i pro ed i contro delle varie possibilità di insediamento. Mi è capitato di assistere imprenditori che inizialmente hanno preferito fare da soli e poi dopo alcuni anni di insuccessi si sono rivolti a me chiedendo un supporto per individuare un partner affidabile. In questi casi, non aver sottoscritto una joint venture con un partner locale sin dall'inizio del processo di strutturazione sul mercato ha comportato una perdita di tempo e, soprattutto, di denaro (costituzione società, ufficio, segreteria, stipendio del general manager, etc.).

Chi invece decide di strutturarsi subito con un partner locale tipicamente opta per costituire una *joint venture*. La mia esperienza mi dice che spesso il partner locale si rivela la soluzione più adatta, ma la domanda successiva da porsi è: quale partner locale scegliere? Fondamentale è **rivolgersi ad un emiratino affidabile** perché, se non si è già introdotti nel mercato, è qui che si gioca la partita più difficile. Bisogna essere, infatti, molto prudenti. Cosa può succedere per esempio?

Può succedere che il mio partner emiratino, oltre a sponsorizzare me, sponsorizzi anche altre società. Quando ciò accade, spesso vuol dire che questo soggetto ha un problema - per esempio, il mancato rinnovo di una licenza - su una di esse, problema che automaticamente si ripercuote sulle licenze di tutte le altre società che a lui rimandano. La conseguenza più seria che può determinarsi per l'imprenditore straniero è il blocco dell'emissione del *Residence Visa* per i propri dipendenti o anche il rinnovo della sua licenza.

Non solo: può capitare che il potenziale partner emiratino vanti connessioni e conoscenze con il mondo imprenditoriale o governativo locale, che in realtà non possiede, con il rischio di, se non bloccare, sicuramente rallentare l'entrata sul mercato dell'imprenditore straniero.

Operare sul territorio da diversi anni vuol dire aver creato una vasta rete di contatti e partner testati e affidabili, che possono essere opportunamente chiamati in causa a seconda del business in questione.

Passiamo alla seconda domanda: scegliamo un **partner effettivo o uno sleeping partner?** La differenza di base sta nel fatto che il primo è uno sponsor attivo che mi aiuta concretamente ad entrare sul mercato, mentre il secondo si accontenta solo di ricevere un compenso annuo (ricordate: se opero nel mainland sono vincolato alla formula del 49-51%).

Anche qui bisogna fare attenzione e non cadere in quei facili tranelli di quanti promettono facili successi dietro un compenso anche di decine e decine di migliaia di euro. Vi espongo un caso pratico: un'imprenditrice italiana si rivolge a me per cercare di recuperare un investimento considerevole eseguito a favore di una società locale che aveva promesso di aprirle le porte del mercato di Dubai, dietro costituzione di una società. Il risultato è stato che dopo un anno l'imprenditrice aveva ottenuto la licenza di una società costituita nella free zone di Jebel Ali, che tuttavia le era totalmente inutile dal momento che tale licenza non può essere utilizzata per commercializzare all'interno del Paese, ossia in mainland. Oltre il danno la beffa: la licenza per il primo anno le è costata poco più di 2.000 Euro, mentre la società emiratina le aveva richiesto un compenso di ben 100.000 Euro!

Lo avevamo già accennato più sopra nella trattazione della *limited liability company*: il "silent o sleeping partner" può rappresentare una buona scelta per limitare il suo coinvolgimento negli affari della società, ma essendo obbligatoria la sua presenza, è in ogni caso assai raccomandabile che sia un soggetto affidabile e testato.

E infine la terza domanda: **quali garanzie ho che il partner faccia effettivamente entrare la mia azienda sul mercato e mi faccia raggiungere i risultati sperati?** Questa è una domanda che richiede due risposte distinte. Per la prima parte, la garanzia può essere data dal professionista che vi affianca nel percorso di internazionalizzazione. Generalmente questa persona ha una propria rete di contatti affidabili con cui ha già collaborato in passato proficuamente. Insieme a lui o a lei potrete svolgere un'approfondita analisi di mercato, scegliere la tipologia più adatta di partner locale o di società da costituire o di free zone, se fa al caso vostro. Il mio consiglio di sempre è di **investire di più all'inizio, non solo in termini di denaro, ma anche di tempo.**

Per la seconda parte, la garanzia di raggiungere i risultati sperati è data da un mix di fattori, alcuni prevedibili e manovrabili, altri imprevedibili (il noto rischio imprenditoriale). Tra quelli prevedibili nominiamo, come appena detto, l'affiancamento a un professionista affidabile, la realizzazione di un progetto e di una strategia ben studiati, strutturati e completi sotto tutti i punti di vista (legale, fiscale ecc.) e, ultimo ma non meno importante, la costanza, l'impegno e la perseveranza da parte dell'imprenditore in un'avventura complessa ma che può dare grandissime soddisfazioni come è l'internazionalizzazione d'impresa.

Per dare un esempio di fattori imprevedibili cito un caso che mi è capitato di recente. Una multinazionale che affianco già da tempo decide di aprire una sede operativa negli EAU costituendo una nuova società in una free zone di Dubai. Successivamente partecipa ad una gara d'appalto per la fornitura e la posa in opera di varchi di accessi al personale. I partecipanti alla gara erano solo due e la multinazionale ne risulta aggiudicataria. Completata questa fase, l'impresa comincia la produzione e consegna i primi dispositivi, tuttavia al di fuori dei tempi stabiliti. Il ritardo non era stato causato da mancanze da parte della multinazionale ma, al contrario, da parte del committente, che si è attardato a comunicare l'approvazione dei disegni tecnici, innescando ritardi a catena. Nonostante ciò, la multinazionale viene comunque considerata inadempiente rispetto ai termini per la consegna e così il committente decide di contattare il concorrente, l'altro partecipante alla gara, per la prosecuzione dell'opera. Qualche tempo dopo scopro che questa impresa aveva sottoscritto una partnership con un partner locale connesso con il committente.

III CAPITOLO
Focus sugli accordi di joint venture

1.1. Le joint venture sotto la lente

Eccoci arrivati al capitolo centrale di questo libro, il cui argomento coincide con quello che è il mio campo di specializzazione: le joint venture. Durante i miei anni di lavoro qui a Dubai, la costituzione di joint venture ha rappresentato di gran lunga la modalità di insediamento con cui ho più operato e che mi ha permesso di misurarmi con diverse problematiche e sfaccettature delle operazioni eseguite.

In questo capitolo, dunque, approfondiremo questo tema, in primo luogo spiegando chiaramente che cos'è una joint venture, delineando le sue caratteristiche e le forme che può assumere e, in secondo luogo, analizzando tre casi pratici, rappresentativi di casistiche diverse.

Iniziamo quindi con alcune domande fondamentali:

1. che cos'è la joint venture?
2. perché costituire una joint venture?
3. quali sono le sue caratteristiche?
4. quali sono le finalità?
5. quali sono i vantaggi?
6. e quali gli svantaggi?
7. quali sono le fasi fondamentali da seguire?
8. quali tipi di joint venture esistono?
9. quali forme strutturali può assumere una joint venture?
10. qual è la struttura contrattuale prevista?

Vediamo le risposte punto per punto.

Che cos'è la joint venture?

È un accordo in base al quale due o più soggetti, solitamente imprese, si impegnano a collaborare per un progetto comune, di natura industriale o commerciale, sfruttando congiuntamente e reciprocamente le loro sinergie, il loro know-how o il loro capitale.

Perché costituire una joint venture?

Attraverso questa forma di cooperazione, imprese di ogni settore possono **affacciarsi a nuovi mercati, nazionali o internazionali**, realizzando progetti e investimenti comuni, unendo competenze tecniche e capacità organizzative e, soprattutto, ripartendo i rischi. Le imprese hanno spesso l'esigenza di creare delle alleanze con altre imprese per molteplici ragioni:

- un'impresa si trova nel luogo di esecuzione dell'opera;
- un'impresa può possedere una tecnologia di cui un'altra non dispone;
- imprese tra loro concorrenti possono decidere di gestire insieme una fase specifica della produzione, con l'obiettivo di diventare ancora più competitivi sul mercato.

Quali sono le caratteristiche di una joint venture?

Gli elementi caratterizzanti la joint venture sono:

- l'esistenza di un contratto tra due o più partner;
- l'integrazione di risorse e capacità per il raggiungimento dell'obiettivo prefissato;
- la comunione di interessi e l'unità di intenti;
- la disciplina del controllo dell'iniziativa tra i partner;
- una limitazione di responsabilità;
- il rapporto fiduciario tra i partner;
- la ripartizione di rischi e benefici;
- la durata limitata o illimitata dell'accordo di cooperazione.

Quali sono le finalità?

Le joint venture hanno assunto una crescente importanza nel commercio internazionale perché consentono:

- una comunanza degli interessi di tutti i partner;
- la limitazione del rischio di investimento e del grado di responsabilità;
- la cooperazione economica e la collaborazione tecnico commer-

ciale;
* l'accesso a nuovi mercati.

Quali sono i vantaggi?

I vantaggi che la cooperazione di imprese comporta sono numerosi e possono essere ripartiti in vantaggi interni, competitivi e strategici.

1. **Vantaggi interni**
   * suddivisione di costi e rischi;
   * riduzione delle tempistiche di realizzazione del progetto;
   * conseguimento di risorse dove non c'era mercato;
   * ottenimento di conoscenze su nuove tecnologie;
   * miglioramento/innovazione delle tecniche di gestione e comunicazione;
   * possibile ripartizione nell'approntamento degli impianti necessari all'oggetto dell'iniziativa.

2. **Vantaggi competitivi**
   * opportunità di influenzare l'evoluzione del settore in cui si opera;
   * anticipazione dei concorrenti e ottenimento di clienti migliori e nuove commesse;
   * coalizzazione con partner selezionati;
   * conoscenza del mercato del partner locale;
   * risposta alla globalizzazione, conseguendo l'accesso alle reti globali.

3. **Vantaggi strategici**
   * creazione e impiego di sinergie;
   * trasferimento o condivisione di tecnologia e di altre capacità;
   * diversificazione, tramite l'accesso a nuovi mercati.

Quali sono gli svantaggi?

È bene tenere presente che la scelta di costituire una joint venture comporta anche alcuni svantaggi, spesso speculari ai vantaggi, che è necessario analizzare anche sotto il profilo legale per limitarne i rischi. Ne elenco i più ricorrenti:

* un'inevitabile limitazione dell'autonomia e del controllo decisionali, poiché non sempre le decisioni sono pienamente condi-

vise da tutti come chiunque fa impresa ben sa;

- conflitti causati dall'uso della proprietà condivisa;
- un cambiamento degli obiettivi strategici di uno dei partner durante l'attuazione dell'accordo;
- il rischio di concedere il controllo della tecnologia al partner;
- un'errata valutazione delle capacità del partner;
- un diverso livello di impegno da parte dei partner, che possono rivelarsi più attenti a tutelare le proprie iniziative interne aziendali a scapito del buon esito dell'impresa congiunta;
- difficoltà relative all'integrazione di diversi approcci aziendali (distanze culturali, differenti stili manageriali ecc.).

Quali sono le fasi fondamentali da seguire?

Prima di decidere di dar vita ad una joint venture risulta fondamentale condurre un'analisi preventiva di quelli che potranno verosimilmente essere i benefici o gli svantaggi di una cooperazione. Nella fase preliminare o di negoziazione è bene esplicitare chiaramente, da un punto di vista contrattuale:

- la *mission* della joint venture, l'oggetto, l'anima della costituenda impresa;
- il settore di attività in cui si va ad operare e verso il quale dovranno confluire le energie dei partecipanti;
- l'assetto dei rispettivi interessi e delle quote di partecipazione nella nuova società;
- l'indicazione degli apporti specifici alle singole componenti del business che i singoli *venturers* mettono a disposizione del progetto;
- la modalità di adozione delle decisioni e la *governance*;
- gli aspetti di confidenzialità e le clausole di lock-out (esclusiva) per vietare ai partner di avviare analoghe trattative con altri soggetti.

Nella stessa fase preliminare va condotto uno studio di fattibilità, da un punto di vista commerciale, e quindi indagare:

- quali sono le condizioni di mercato;
- chi sono i concorrenti;
- quali prodotti commercializzano e a quali prezzi;

- qual è la normativa industriale, fiscale e doganale;
- quali sono le condizioni praticate dagli istituti bancari da coinvolgere nell'iniziativa da un punto di vista finanziario;
- qualora la joint venture sia internazionale, se esistono per il socio straniero limiti a ricoprire determinate cariche sociali o alle partecipazioni che può detenere nella joint venture, se ci sono settori esclusi e ammessi per l'investitore straniero, la normativa import/export per la joint venture ecc.

Quali tipi di joint venture esistono?

Possiamo classificare le joint venture secondo almeno due criteri:
di partecipazione:
- joint venture orizzontale: più imprese conducono attività simili o producono beni simili e si impegnano in lavorazioni che rientrano nella stessa fase della produzione, con l'obiettivo di accrescere quantitativamente la capacità complessiva di produzione (es. un consorzio per la costruzione di un'autostrada).
- joint venture verticale: più imprese svolgono attività differenti e si collocano quindi a diversi livelli della filiera produttiva, con l'obiettivo di produrre un determinato prodotto.
di scopo:
- joint venture commerciale
- joint venture produttiva
- joint venture orientata alla ricerca

Quali forme strutturali può assumere una joint venture?

Si distinguono:
- joint venture societarie (*Equity o Incorporated Join Venture*)
- La joint venture è un nuovo soggetto giuridico costituito ad hoc per realizzare una cooperazione. Le parti (i co-ventures) hanno precisi impegni ed obblighi nella EJV e si ripartiscono oneri e utili della società di cui sono responsabili esclusivamente per la parte di capitale da loro versato. Si propende per una joint venture societaria quando il progetto in questione è più strutturato e richiede un periodo di tempo esteso per la sua realizzazione, o può anche durare a tempo indeterminato.

- joint venture contrattuali (*Contractual Join Venture*)
Due imprese stipulano accordi con lo scopo di realizzare un progetto comune, e, una volta portato a termine, si separano.

È il caso dei contratti di appalto internazionale (una società che volesse partecipare ad una gara, se non dispone di un know-how che il bando richiede, può unirsi ad un partner in possesso di tale competenza che le consenta la partecipazione alla gara) o anche dei contratti di ricerca e sviluppo tra più partecipanti, ognuno dei quali contribuisce alle attività oggetto del contratto sopportandone una parte dei costi. Nel caso delle joint venture contrattuali l'**alleanza** che si crea è **temporanea** e finalizzata esclusivamente al raggiungimento di uno specifico obiettivo, ben individuato. Le joint venture di natura contrattuale (CJV) rappresentano uno strumento più flessibile rispetto a quelle che si realizzano attraverso la costituzione di una nuova società (EJV) perché:
- non incidono in maniera sostanziale sulla struttura organizzativa ed imprenditoriale delle imprese partecipanti;
- non presupponendo la creazione di un nuovo soggetto giuridico terzo, gli effetti fiscali della collaborazione sono direttamente fruibili dai singoli *co-venture*.

Esiste però anche un potenziale svantaggio che una joint venture contrattuale può dover affrontare, ossia la mancanza di una identità separata spendibile nei confronti di terzi, che ha un peso in tema di finanziamenti. Non avendo personalità giuridica, cioè, la joint venture contrattuale non può finanziarsi all'esterno e perciò tutti gli investimenti necessari per la realizzazione del progetto devono essere direttamente sostenuti dai *co-venture*.

Qual è la struttura contrattuale prevista?

Le joint venture sono uno strumento atipico, ossia contratti non espressamente disciplinati dal diritto ma creati ad hoc dalle parti, che sono liberi di definire le reciproche obbligazioni e i reciproci diritti sulla base della normativa della nazione dove opereranno.

Detto ciò, sono stati elaborati *dall'International Trade Center* modelli di contratto standard per le forme di joint venture contrattuale con lo scopo di agevolare la creazione di joint venture transnazionali tra le PMI.

Per quanto riguarda invece la joint venture societaria, la struttura contrattuale consiste generalmente di:

• un contratto principale, il *"main agreement"*, in cui le parti definiscono condizioni, termini e modalità per la costituzione e la gestione comune della nuova società, come:
  - gli obiettivi della joint venture;
  - le azioni da intraprendere nel tempo per realizzare tali obiettivi;
  - la durata della joint venture;
  - le garanzie (*warranties and representations*), sia formali che sostanziali, che i co-venture si rilasciano reciprocamente;
  - le clausole statutarie, che regolano la struttura, i poteri e il funzionamento degli organi sociali;
  - le quote di partecipazione dei soci al capitale sociale;
  - le clausole di non concorrenza tra i partner della joint venture, soprattutto quando operano nel medesimo settore o con le stesse tecnologie;
  - la formazione del processo decisionale (per es. il diritto di veto per il partner di minoranza o il consenso unanime) e le clausole che regolamentano le situazioni di stallo (*deadlock*) che possono verificarsi;
  - divieto di cessione a terzi o diritto di prelazione agli altri partner qualora un *co-venture* voglia cedere la propria quota;
  - le modalità di risoluzione delle controversie e di risoluzione del contratto di joint venture;
  - ecc.

• *"operational agreeements"*, cioè una serie di contratti ancillari, che disciplinano specificamente singoli aspetti relativi all'attività oggetto della joint venture, come:
  - gli obblighi che i *co-venture* sono disposti ad assumere nei confronti della nuova società;
  - gli strumenti che ognuno mette a disposizione (know-how, avviamento commerciale, prodotti o servizi);
  - la disponibilità degli immobili in cui dovrà svolgersi l'attività;
  - la regolamentazione delle eventuali licenze sul marchio e sulla

proprietà intellettuale;
- ecc.

La costituzione di una joint venture è un progetto articolato che richiede un livello di consapevolezza e di valutazione notevoli. Per questo è opportuno fin dalle iniziali discussioni sul progetto coinvolgere un professionista di fiducia in grado di consigliare per il meglio. Posto che si sia condotto uno studio di fattibilità economica adeguato che abbia rilevato la bontà dell'operazione e che si sia impostata una strategia commerciale efficace, i fattori che in particolare possono incidere sulla buona riuscita di una joint venture sono i seguenti:

- la **gestione comune**, che presuppone una limitazione della propria autonomia imprenditoriale, aspetto che di frequente viene sottovalutato;
- gli **obblighi di non concorrenza** per i *co-venture*, che talvolta possono controbilanciare, se non addirittura annullare, i vantaggi legati alla partecipazione alla joint venture;
- le **differenze culturali e di approccio manageriale**, che possono rendere difficile un'integrazione efficace tra i partner.

Le ragioni dei fallimenti di una joint venture sono numerose e possono dipendere da molteplici cause, tra cui proprio da errori nell'impostazione della struttura o della collaborazione tra le imprese partecipanti. Nel pianificare una *joint venture* è quindi essenziale considerare fin dall'inizio problemi e situazioni che ne potrebbero pregiudicare il successo e il futuro.

Vediamo ora tre casi pratici di *joint venture* di cui mi sono occupato personalmente negli ultimi anni qui a Dubai.

III.2 Quattro *case history*

I casi pratici che qui di seguito esporrò trattano esclusivamente di operazioni di internazionalizzazione avvenute tramite costituzione di joint venture, societaria o contrattuale. Generalmente assisto imprenditori e imprese italiane interessate al mercato di Dubai o degli EAU nel suo complesso, ma mi capita anche di occuparmi di iniziative promosse da realtà locali che mirano ad espandersi negli altri paesi del Golfo Persico, come nel primo esempio illustrato.

III.2.1 Joint venture societaria: il caso Breitling

Breitling è una nota marca di orologi di lusso che nasce in Svizzera nel 1884 come azienda per la produzione di cronometri e strumenti per orologiai e oggi specializzata in orologi tecnici (è fornitrice ufficiale dell'aviazione) e nei cronografi da polso. È presente in tutto il mondo tra boutique e rivenditori (solo a Dubai si contano 4 boutique) e si rivolge ad un segmento di mercato di alta gamma, quindi ben recepibile tra i paesi del Golfo Persico (Emirati Arabi Uniti, Arabia Saudita, Bahrain, Iran, Iraq, Kuwait, Oman, Qatar), che, ricordiamo, vantano un reddito pro capite tra i più alti al mondo. Una società emiratina, già mia cliente, ha intravisto per l'appunto un'opportunità in Bahrein: il marchio in questo stato presentava segnali di sofferenza in visibilità e quote di mercato e poteva pertanto essere rilanciato. L'operazione di rilancio a cui mi sono dedicato prevedeva quindi due soggetti:

- la società emiratina che desiderava investire nel marchio per dargli nuovo spazio sul mercato del Bahrein;
- il partner del Bahrein.

Come detto sopra, la joint venture societaria si presta maggiormente per progetti imprenditoriali più complessi e strutturati, che si sviluppano in un arco temporale esteso o anche indeterminato. In questo caso, l'oggetto dell'iniziativa era la commercializzazione di un prodotto sul lungo periodo e perciò impostare una forma di joint venture contrattuale non avrebbe avuto senso.

Abbiamo delineato quindi il modello di business come **costituzione e capitalizzazione di una nuova società partecipata dal partner del Bahrein e dal partner emiratino** per la distribuzione e il marketing del marchio Breitling in Bahrein. Come esposto sopra in risposta alla domanda "Qual è la struttura contrattuale prevista?", l'accordo si è strutturato secondo:

- il *main agreement*, che stabiliva la *mission* e la durata della joint venture, le clausole che regolavano il funzionamento degli orga-

ni sociali e le modalità di risoluzione delle controversie;
- gli *operational agreeements*, che definivano gli aspetti concreti della *partnership*, e in questo caso specifico le modalità di intervento e finanziamento del partner emiratino, le garanzie a favore del partner emiratino e la *governance* con le maggioranze necessarie per assumere le decisioni e i processi che disciplinavano chi faceva che cosa.

L'operazione è stata ben strutturata e, a distanza di pochi mesi, si è rivelata di successo. Il partner emiratino possedeva già un ampio know-how sul prodotto degli orologi di lusso e aveva già dimestichezza nel marketing specifico per questo segmento di mercato. A sua volta, il partner del Bahrein conosceva bene il proprio mercato, aveva connessioni utili per il business e credeva fortemente nell'iniziativa. Considerando che il problema non era tanto di adeguatezza del mercato al prodotto in questione, ma soprattutto di immagine del marchio che aveva perso appeal tra i consumatori, l'azione comune dei due co-venture si è concentrata in prima battuta su attività di marketing, in particolare:

1. **miglioramento e ampliamento della comunicazione**: la comunicazione rafforza il posizionamento del marchio e soprattutto nei momenti difficili è essenziale rimanere presenti nella mente dei consumatori, mantenendo una buona visibilità e trasmettendo stabilità e sicurezza. I partner hanno così rafforzato le campagne pubblicitarie presso i grandi centri commerciali del paese (City Centre Mall, Moda Mall) e su riviste specializzate.

2. **consolidamento della percezione del marchio**: senza toccare il fattore prezzo, che se rivisto al ribasso in certi casi ha solo l'effetto di indebolire il brand trasmettendo forte insicurezza, i partner hanno deciso di consolidare la percezione del marchio presentando un modello di orologio in *limited edition* per fidelizzare i consumatori.

3. **rinnovamento dell'immagine**: anche i marchi più importanti e noti hanno bisogno ogni tanto di aria nuova. Rinnovare un brand genera curiosità, trasmette innovazione e porta generalmente anche ad un aumento di clientela. Per Breitling un'inizia-

tiva è stata quella di sponsorizzare eventi collegati al suo campo di specializzazione, ossia l'aeronautica.

Il mio compito come consulente di internazionalizzazione è stato quello di individuare il partner più adatto in Bahrein, definire la forma societaria più appropriata, stabilire le relazioni contrattuali che tutelassero il più possibile la società emiratina da cui era partita l'iniziativa e, più in generale, fornire alla nuova società creata l'impalcatura più solida per ottenere commercialmente i risultati attesi.

III.2.2 Da un contratto di agenzia a una joint venture contrattuale

In questo secondo caso vi espongo una situazione in cui la valutazione dei rischi e benefici ha fatto propendere per la costituzione di una joint venture contrattuale invece che di un contratto di agenzia.

Un imprenditore italiano operante nel settore dell'arredamento si è rivolto a me in corso di colloqui con una controparte emiratina che gli aveva avanzato la possibilità di sottoscrivere un contratto di agenzia per la distribuzione dei suoi prodotti sul territorio di Dubai. Non avendo gli strumenti adatti per stabilire la bontà della proposta, ha chiesto a me un parere. Spesso aziende e imprenditori non sono ben informati sulle regolamentazioni che disciplinano un mercato estero. A Dubai, come nel resto degli EAU, sottoscrivere un contratto di agenzia può rivelarsi un'arma a doppio taglio, se non si conosce sufficientemente il partner emiratino e il suo livello di affidabilità e serietà.

Come abbiamo detto nel secondo capitolo, ricordiamo che i contratti di agenzia sono di due tipologie:

- il **contratto di agenzia registrato** che impone che l'agente, registrato anch'esso come il contratto presso il Commercial Agency Register del Ministero dell'Economia, sia un cittadino di nazionalità emiratina oppure una società posseduta interamente da cittadini emiratini. L'agente ha diversi diritti, tra cui l'esclusiva sulla commercializzazione dei prodotti nei territori stabiliti e la provvigione garantita per ogni operazione conclusa nell'area di sua competenza, a prescindere da chi abbia effettivamente concluso la trattativa;

- il **contratto di agenzia non registrato** che non prevede l'obbligo che l'agente sia di nazionalità emiratina ma consente di nominare come agenti individui di qualsiasi nazionalità o società estere in possesso della licenza per operare all'interno degli EAU. È un tipo di accordo molto meno "blindato" rispetto al primo perché non prevede esclusiva e i vari aspetti da regolamentare non sono prescritti preventivamente ma vengono determinati in totale autonomia tra le parti.

All'imprenditore italiano era stato proposto di sottoscrivere un contratto di agenzia registrato in cui l'agente emiratino si sarebbe impegnato a sviluppare il business del partner italiano secondo il criterio del "best effort". Quanto può essere oggettivo questo criterio? Senza dubbio, non molto. E infatti questa formula, in caso di controversie, si sarebbe rivelata molto svantaggiosa per il partner italiano perché soggetta a valutazioni poco obiettive. È compito, infatti, di una apposita Commissione pronunciarsi sui casi di inadempimento da parte dell'agente o in caso di mancato raggiungimento degli obiettivi e non sorprenderà sapere che gli interessi dell'agente emiratino sono generalmente più favoriti e salvaguardati rispetto a quelli dell'investitore straniero. Ne consegue che la risoluzione di un contratto di agenzia registrato può diventare davvero "una bella gatta da pelare", con evidente spreco di denaro, tempo ed energie.

L'alternativa che ho proposto all'imprenditore italiano è stata quella di orientarsi verso un diverso tipo di *partnership*, che è senz'altro impostata secondo principi più equilibrati tra le parti. Abbiamo così proposto e sottoscritto con il partner emiratino una joint venture contrattuale, ben strutturata in modo da dare le giuste garanzie al partner italiano. L'accordo prevedeva:

- clausole relative alla distribuzione del prodotto;
- clausole relative al raggiungimento di target predefiniti;
- i diritti di sfruttamento del marchio che era stato preventivamente registrato a nome dell'imprenditore italiano;
- la possibilità di costituire una nuova società partecipata da entrambe le parti, nel caso di comune soddisfazione a fronte di risultati positivi, convertendo quindi la joint venture da contrattuale a societaria: per l'eventuale costituzione della newco ab-

biamo fin da subito determinato il capitale sociale e la quota di partecipazione al capitale da parte dei due partner e delineato la eventuale governance.

III.2.3 Joint venture societaria + *branch*

Il terzo caso illustra un'operazione un po' più complessa, che vede coinvolti diversi soggetti, più paesi e un modello di business articolato secondo due forme di insediamento.

Per la costruzione di un'opera infrastrutturale complessa la municipalità di Dubai aveva affidato l'esecuzione e il coordinamento dei lavori ad un consorzio, il quale avrebbe subappaltato la realizzazione delle attività di prefabbricazione e costruzione dell'impalcato dell'opera ad un soggetto terzo.

Tre società, di nazionalità italiana, francese e tedesca, tutte operanti nel settore delle costruzioni, hanno deciso di unirsi in una joint venture per partecipare alla gara in qualità di subappaltatori. Il mio ruolo era quello di assistere l'impresa italiana.

Il contratto di subappalto imponeva alcuni obblighi che le imprese candidate dovevano adempiere, in particolare la **costituzione a Dubai di una società o di una *branch*** in possesso di tutti i permessi e le licenze necessari all'esecuzione della commessa. Come sappiamo, però, una società creata nel *mainland* di Dubai deve necessariamente prevedere il coinvolgimento di un soggetto emiratino che detiene il 51% delle quote della società. Pertanto la joint venture formata dalle tre imprese straniere non aveva la facoltà di costituire direttamente una società a Dubai, ma quello che poteva fare era insediarsi attraverso una branch (filiale).

La partecipazione al progetto è stata quindi impostata secondo i seguenti criteri:
- I fase: costituzione di una joint venture societaria con sede a Malta, con il fine esclusivo di partecipare all'esecuzione dei lavori dell'opera infrastrutturale;
- II fase: costituzione di una branch a Dubai.

La joint venture ha effettivamente ottenuto l'incarico da parte del consorzio e si è impegnata a costituire entro 90 giorni dalla stipula del contratto una società o una filiale negli EAU dotata di tutti i permessi e le licenze necessarie. Alla branch sono così stati trasferiti tutti i diritti e le obbligazioni del contratto di subappalto, il che ha consentito al Dipartimento per lo Sviluppo economico di Dubai di rilasciare tutte le autorizzazioni richieste. Ricordo che la *branch*:

- deve dotarsi di uno **sponsor**, ossia di un agente locale, che funga da tramite per l'ottenimento delle già citate autorizzazioni;
- può svolgere solo le attività previste dello statuto della casa madre.

Per quanto riguarda le disposizioni del contratto di joint venture, i soci avevano stabilito:

- l'assegnazione per ogni società del 33,33% del capitale e dei diritti di voto;
- la nomina di tre amministratori, designati da ciascuno dei tre soci;
- il potere di rappresentanza della società conferito all'amministratore designato dal socio italiano;
- il vincolo di distribuire gli utili integralmente e in maniera proporzionale alle partecipazioni detenute, una volta completata la commessa;
- lo scioglimento della joint venture a progetto terminato;

L'esecuzione del progetto si è svolta in conformità a quanto previsto, rispettando pienamente modi e tempi. La branch si è dotata di una struttura organizzativa complessa composta da più di 200 operai e un numero quasi equivalente di personale di staff (impiegati, quadri e dirigenti). La commessa è stata completata entro il termine stabilito dalla licenza commerciale rilasciata dal Dipartimento per lo Sviluppo economico di Dubai, oltre il quale la società non era più autorizzata ad operare nel paese.

Vediamo quindi come, in questo caso, la prassi smentisce quanto detto in precedenza, ossia che la joint venture societaria viene praticata soprattutto quando l'iniziativa di interesse si presenta di una certa complessità e durata. L'esempio appena esposto ci mostra una situazione che riunisce più elementi. Nonostante in presenza di un progetto impegnativo che richiede un'ampia e articolata organizzazione in termini di risorse umane, nonché di movimentazioni finanziarie, esso è anche a tempo determinato, il che avrebbe potuto far propendere per la creazione di una joint venture contrattuale, come spesso accade quando si tratta di partecipazioni a gare di appalto. Il contratto di subappalto, invece, richiedeva la costituzione di una società, di un soggetto giuridico a sé stante, o di una filiale, entrambe in mainland. Non essendo praticabile la prima strada da parte delle tre aziende straniere riunite in joint venture, si è optato per la costituzione di una società madre fuori dagli EAU e poi di una branch a Dubai.

III.2.4 Quando la joint venture non è la soluzione ideale

Questo è un caso recentissimo.

Una grande impresa italiana, che assisto da qualche tempo, operante nel settore oil&gas vuole partecipare ad una gara internazionale per la realizzazione di piattaforme da consegnare in Arabia Saudita. L'impresa ha trovato un partner ad Abu Dhabi che ha una branch in Arabia Saudita e che le ha proposto di costituire una joint venture societaria partecipata da entrambi. Poiché il partner è emiratino, il requisito del 49-51% sarebbe inoltre rispettato. L'impresa ritiene il partner emiratino valido da un punto di vista strategico essendo ben introdotto nel settore, ma non affidabile dal punto di vista finanziario.

Ecco il motivo per cui la joint venture societaria non rappresenta qui la soluzione ideale. Con la costituzione di una nuova società, esiste il rischio concreto che creditori del partner possano aggredire le quote o i beni della costituenda società.

Data la situazione, il mio suggerimento è stato quello di propendere per una soluzione mista che prevedesse la costituzione di una branch ad Abu Dhabi della società italiana e di una joint venture commerciale blindata in cui il partner emiratino intervenisse mettendo solo a disposizione il cantiere dove realizzare le piattaforme ed il personale necessario. Così facendo, l'impresa italiana si riservava due vantaggi considerevoli:

- mantenere autonomia sul territorio per quanto riguarda la gestione della *branch*;
- non rischiare di avere interferenze da parte del socio locale sia

nella fase di management sia per eventuali rischi di aggressione sulle quote da parte di creditori terzi ove fosse stata costituita la nuova società.

Il partner emiratino, vista la decisione dell'impresa italiana di aprire una *branch* e non una nuova società, ha contro-proposto la stipula di un *service agent agreement* che di fatto portava alla costituzione di un rapporto di agenzia. In poche parole, il partner emiratino ha tentato di riservarsi comunque un diritto di esclusiva chiedendo che il contratto avesse le caratteristiche di un contatto di agenzia regolato e registrato, richiesta a cui ci siamo opposti.

La consulenza svolta in questa occasione è stata quella di assistere l'impresa italiana nelle fasi di negoziazione e di circoscrivere il ruolo del partner emiratino.

IV CAPITOLO
Decalogo per un progetto di internazionalizzazione negli EAU: consigli da seguire ed errori da evitare

Questo ultimo capitolo vuole essere una sintesi di raccomandazioni, indicazioni, luoghi comuni, suggerimenti, consigli relativi a come un imprenditore straniero deve porsi nei confronti di un progetto di internazionalizzazione d'impresa da avviare negli Emirati Arabi Uniti. Il decalogo che ho sviluppato è frutto di anni e anni di esperienza sul campo, che mi hanno consentito di individuare quali sono i comportamenti di successo e quali quelli fallimentari. I casi che ho trattato nel tempo possono essere molto diversi gli uni dagli altri, ma esistono alcune costanti che li accomunano tutti e queste costanti attengono più alla sfera motivazionale, culturale, comportamentale e di approccio imprenditoriale.

Durante i primi colloqui che intraprendo con un imprenditore che mi contatta per esplorare le concrete possibilità di realizzare un proprio business negli EAU, ho avuto modo di constatare negli anni che esistono ancora alcuni stereotipi duri a morire su Dubai in particolare e sugli EAU nel loro complesso, che danno un'idea distorta di cosa vuole dire davvero fare affari e avere successo in questi mercati. Ho visto anche ricorrere spesso un approccio imprenditoriale poco strutturato e poco sistematico, tipico purtroppo delle piccole imprese italiane che non hanno mai varcato prima i confini nazionali e che improvvisano strategie di internazionalizzazione senza alcuna nozione di base. Ho raggruppato quindi il mio decalogo in due categorie distinte: "gli errori da evitare" e "i consigli" che sento di poter suggerire.

1. *Errore*: **Credere all'equivalenza "Dubai = successo e soldi facili"**
Questo è il primo grande stereotipo che contraddistingue Dubai: Dubai come l'Eldorado, dove basta avere un'idea im-

prenditoriale qualsiasi per fare soldi facili. Vi invito a cancellare subito quest'idea dalla mente, perché non corrisponde alla realtà, o almeno non più. Forse era così all'inizio dell'espansione dell'Emirato, quando i primi imprenditori ed expat approdavano in un mercato ancora quasi totalmente vergine. Da allora questo luogo comune si è trascinato fino ai giorni nostri, ma la situazione è radicalmente cambiata. Gli *expat* - imprenditori o professionisti - sono ora quasi il 90% della popolazione totale, il che ha alzato considerevolmente i livelli di competitività e professionalità.

Trovare lavoro a Dubai può risultare più semplice che in Italia (il tasso di disoccupazione si aggira intorno al 2-3%), le opportunità ci sono, ma bisogna darsi da fare per poterle cogliere. Nessuno regala nulla, nemmeno a Dubai. Di certo uno degli aspetti più allettanti dell'avere un'occupazione nell'Emirato è che qui, come negli altri Emirati, non è prevista la tassazione personale, e pertanto il reddito netto risulta maggiore.

Anche avviare un'iniziativa imprenditoriale risulta più semplice e vantaggioso rispetto che in Italia; abbiamo già ricordato come gli EAU siano un paese a fiscalità privilegiata, che consentono un ampio ventaglio di benefici.

Tuttavia, "semplice" non vuol dire "immediato". Dall'esperienza accumulata in questi anni, vedo che risultati apprezzabili per chi avvia un'attività qui a Dubai arrivano solo dopo una media di tre/cinque anni, poiché il mercato locale tende a riconoscere e a "premiare" coloro che dimostrano di essere **radicati sul territorio** da un certo periodo di tempo. Anche se è vero che Dubai offre degli innegabili vantaggi all'imprenditore e un clima commercialmente vivace e dinamico, **costanza e perseveranza** sono le due qualità che anche qui pagano sul medio-lungo periodo. Gli imprenditori più esperti potranno sicuramente concordare con me sul fatto che è necessario preparare bene i progetti che si vogliono portare avanti, perché in EAU vi sono molte opportunità ma se non vengono pianificate al meglio possono rivelarsi disastrose per un imprenditore che è agli inizi.

Sostituirei perciò l'equivalenza "Dubai = successo e soldi facili" con una formula simile: "**Dubai = prima impegno, costanza e perseveranza e poi successo e vantaggi**".

2. *Errore*: **Credere al binomio "Io metto il know-how = l'emiratino mette i soldi"**
Questo secondo errore da evitare chiama in causa uno stereotipo culturale, che nella mente di noi italiani caratterizza l'immagine che abbiamo di noi stessi e quella che abbiamo degli altri, in questo caso degli emiratini. Mi riferisco a quel modo tipico italiano di credere, talvolta in modo anche arrogante, che i mercati esteri siano alla spasmodica ricerca del nostro know-how, e che a noi basti mettere questo sul piatto.

Non metto certamente in discussione l'eccellenza italiana in numerosi settori industriali, che è riconosciuta nel mondo, ma l'errore di partenza che spesso contraddistingue l'atteggiamento dell'italiano che arriva a Dubai per fare affari è quello di avere una **falsa rappresentazione dell'emiratino**, e, più nello specifico, del partner locale con cui andrà a trattare.

Ho avuto esperienza di molti imprenditori che erano convinti di impostare una partnership con una realtà emiratina su queste basi: io "che ho 20 anni di esperienza in questo settore" metto a disposizione il mio know-how, l'emiratino che ha i soldi finanzia il progetto. Questo non accade mai. L'imprenditore italiano deve accettare il fatto che per avere successo a Dubai è necessario **prima investire e poi, in una prospettiva di medio-lungo periodo, guadagnare**.

3. *Errore*: **Affidarsi al fai da te**
Il fai da te è la prima carta per l'insuccesso. Senza eccezioni.
Anche se un imprenditore ha già avuto esperienza di internazionalizzazione in altri mercati e saprà a grandi linee quali sono i passi da seguire, è assai improbabile che sia in grado di recuperare le necessarie informazioni per poter svolgere uno studio di mercato e del paese preciso ed adeguato, con l'analisi della concorrenza, delle potenzialità, delle modalità di consumo, delle caratteristiche paese, degli operatori locali ecc. Inoltre, difficilmente avrà gli strumenti per

valutare qual è la forma di insediamento migliore per il suo progetto tra tutte quelle possibili nel paese estero prescelto.

Non mi riferisco, però, solo ad un fai da te "tecnico", ossia relativo a tutte quelle operazioni che vanno a comporre un progetto di internazionalizzazione, ma anche ad un fai da te dal significato più ampio, che include **competenze culturali** che difficilmente si possono possedere, soprattutto da un punto di vista business, se non si ha alcuna esperienza sul campo. Faccio un esempio. Se per costituire una società con un partner locale occorresse un anno di tempo, cosa pensereste? Che probabilmente quel partner locale emiratino non è davvero interessato all'iniziativa imprenditoriale da voi proposta, oppure che non è serio. Questo è un errore culturale. La **dimensione del tempo** per gli emiratini non equivale alla nostra occidentale. Gli arabi in generale sono molto lenti negli affari ed è loro consuetudine portare avanti le trattative per molti mesi, fino anche all'anno, prima di arrivare alla firma finale. E può anche capitare che, dopo quell'anno di tempo, la trattativa conclusiva si chiuda addirittura nel cuore della notte. I migliori affari il più delle volte si concludono a tarda notte, dopo trattative estenuanti per l'occidentale, ma del tutto normali per la mentalità araba. Non bisogna rimanere sorpresi se poi, una volta conclusa la trattativa, l'aspettativa da parte dell'emiratino al raggiungimento dello scopo o alla consegna del prodotto deve avvenire in tempi stretti!

È essenziale conoscere almeno a grandi linee gli usi e i costumi di un popolo e, se non avete mai vissuto negli EAU, è improbabile che abbiate un'idea del modo di fare e della "personalità professionale" degli emiratini e non solo. Alcuni di loro si spacciano per essere appartenenti o essere in diretto contatto con famiglie di sceicchi e vantano di avere relazioni forti con personaggi importanti o all'interno di strutture di potere. In realtà sono più probabilmente delle persone benestanti senza una vera concretezza di business, che alla prova dei fatti non mantengono quello che hanno promesso. Diversi imprenditori italiani sono arrivati da me dopo essere incappati in qualche guaio; alcuni di essi avevano per esempio già intrapreso un percorso di joint venture con partner locali che si proclamavano maghi capaci di inserirli nel mercato in poche semplici mosse, che in realtà o non si sono rivelate efficaci o addirittura non sono state nemmeno messe in pratica.

La competenza culturale è fondamentale quando si parla di affari; non è un caso se il 30-40% delle trattative fallisce a causa proprio della **barriera culturale** e di **incomprensioni nell'approccio al mercato**.

4. *Errore*: Sottovalutare il fattore culturale

Abbiamo già detto prima quanto sia importante intraprendere uno **studio approfondito della cultura locale**, o affidarsi a un professionista che già possiede tale competenza perché operante da tempo sul territorio.

Le competenze richieste in un'iniziativa di internazionalizzazione d'impresa sono non solo tecniche, ma anche più sottili, trasversali, legate alla **comunicazione interculturale**. Bisogna innanzitutto cercare di capire la mentalità con la quale si entra in contatto, al fine di poter avere successo nel mercato emiratino, rispettando i costumi e la cultura del mondo arabo.

È necessario avere una **predisposizione mentale aperta e disponibile** e cercare di comprendere quali sono le esigenze legate alla tipologia di prodotto/servizio offerto.

Le difficoltà principali che si incontrano quando ci si affaccia sul mercato emiratino sono quelle che tipicamente si presentano operando in un mercato caratterizzato da usi e costumi differenti. Una volta compresi e fatto proprio un diverso *modus operandi*, gli ostacoli vengono meno.

Cito di nuovo il diverso rapporto con il tempo che hanno gli emiratini rispetto agli occidentali da un punto di vista business. La sollecitudine non è un fattore determinante nella conclusione degli affari e nemmeno nelle comunicazioni via mail; potreste dover aspettare giorni per ricevere una risposta, ma è del tutto normale. Da non sottovalutare poi che l'approccio al business da parte degli emiratini è diverso anche tra un Emirato e l'altro.

Consideriamo anche la differenza che intercorre tra il nostro "**tempo lavorativo**" e il loro. Nei paesi islamici il giorno di festa obbligatorio per motivi religiosi è il venerdì. A seguito dell'indipendenza dal Regno Unito avvenuta nel 1971 e per prendere le distanze simbolicamente dai vecchi dominatori coloniali, gli EAU stabilirono il giovedì - per prepararsi al venerdì di preghiera - come secondo giorno festivo, non il sabato. Questo lasciava praticamente solo tre giorni a settimana per comunicare con la parte di mondo che sospende le attività lavorative il sabato e la domenica. Nel corso degli anni 2000, per allinearsi un po' di più ai ritmi occidentali, il giovedì festivo è stato spostato al sabato. Quindi ora i giorni a settimana per fare affari sono quattro. Ma non dimentichiamo il periodo del ramadam, il nono mese dell'anno lunare islamico della durata di 29 o 30 giorni; il Ramadan è il mese sacro dei musulmani in cui, soprattutto nel settore pubblico, tutto praticamente si ferma.

Detto questo, gli emiratini che hanno studiato in paesi occidentali sono al giorno d'oggi numerosi e, più sensibili alla cultura occidentale, sanno di dover dare soluzioni e risposte in tempi più ragionevoli.

5. *Consiglio*: **Non cercare in questi mercati la classica avventura "mordi e fuggi"**
L'area emiratina, come peraltro tutta l'area del Golfo e del Middle East, va intesa come **opportunità nel medio-lungo periodo**, non solo perché le potenzialità di sviluppo offerte dal mercato sono numerose ma anche perché, come abbiamo visto prima, il riconoscimento da parte del mercato tende a emergere solo dopo qualche anno di radicata permanenza sul territorio.

La necessità di dimostrare una **presenza radicata e assidua** è legata all'estrema importanza che gli emiratini danno alle relazioni. È necessario investire in promozione e dedicare tempo e risorse umane a questo mercato, per **garantire agli interlocutori locali continuità e assiduità di presenza**. Visite e programmi commerciali occasionali non porteranno alcun beneficio. La **serietà** è il punto cardine attorno al quale muovere i propri affari.

Ecco un esempio pratico, risalente a non molto tempo fa.

Un imprenditore italiano che opera nel settore food era interessato ad esportare i propri prodotti a Dubai tramite un agente o distributore locale da lui individuato. Questa forma di ingresso nel mercato emiratino è spesso l'operazione prediletta dall'italiano che vuole solo vendere il suo prodotto senza impegnarsi sul territorio; cosa che, come detto, non viene apprezzata dall'uomo di affari emiratino.

Sollecitato dall'imprenditore, ho comunque predisposto un contratto di distribuzione piuttosto articolato e ben disciplinato con il partner locale. Dopo la firma, è seguito l'invio del primo container.

L'operazione è fallita a questo punto, perché, nonostante la presenza di un *Consignment Agreement* (un accordo sulla consegna) annesso al contratto di distribuzione, il partner si è rifiutato di pagare i costi di sdoganamento di poche centinaia di dollari! Qual' la falsa rappresentazione dell'emiratino menzionata prima che qui riemerge? Questa:

1. io italiano vendo il mio prodotto di qualità, senza investire;
2. tu emiratino che hai i soldi ti fai carico dei costi;

Non funziona così. La verità è che tendenzialmente **l'emiratino non mette soldi propri in un progetto, ma i contatti - fa** *sponsorship*. Più che un finanziatore, è un facilitatore di business a livello di network.

Quindi, senza voler parlare in termini assoluti, un'operazione di business che miri solo a vendere, senza investire, non è la strategia da consigliare negli Emirati. Ripetiamolo: il mercato locale tende ad apprezzare le realtà che dimostrano di essere radicate nel territorio, e generalmente dopo una media di 3-5 anni.

6. *Consiglio*: **Impegnarsi con costanza e umiltà**

Tutti gli imprenditori che hanno insediato con successo un'attività negli EAU potranno sicuramente assentire su un punto: è necessario entrare con umiltà nel mercato e conquistarsi la fiducia degli interlocutori locali prima e dei consumatori poi.

Quello che paga è un atteggiamento umile che, con costanza e perseveranza, realizza un **investimento di medio-lungo termine**.

Se è vero che l'individuazione del giusto partner emiratino si rivela fondamentale per la buona riuscita dell'impresa, è allo stesso modo vero che, quando lo si trova, esso può rappresentare un'ottima carta per il successo: spesso si creano vantaggiose sinergie con il distributore locale, si definiscono efficaci piani di marketing ben calibrati sulle specificità del mercato e del target locale. Come abbiamo visto poco sopra, la controparte emiratina può rivelarsi determinante nel procurare contatti e far conoscere il nuovo prodotto/

servizio immesso sul mercato. Questo clima di collaborazione, tuttavia, emerge più facilmente quando tra le controparti si è creato un rapporto stabile di fiducia, che può instaurarsi solo se l'imprenditore estero ha dimostrato impegno e dedizione nell'iniziativa che ha intrapreso sul territorio emiratino.

7. Consiglio: **Instaurare relazioni stabili**
L'ottavo consiglio si lega naturalmente al punto sopra e a quanto già menzionato in precedenza, ossia l'importanza di "esserci" sul territorio.

In EAU si prediligono relazioni commerciali che danno rilevanza anche all'aspetto umano e interpersonale del rapporto e questo si può instaurare solo quando la **relazione con la controparte è stabile.** Anche in questo caso ci troviamo di fronte ad un aspetto culturale.

Durante la fase delle trattative, talvolta i soli dati puramente economici e qualitativi, per quanto eccellenti, possono non essere sufficienti in assenza di una buona empatia e sinergia con le controparti. Per tale motivo è fondamentale instaurare un rapporto molto stretto e collaborativo.

Una buona relazione può avere davvero un peso determinante. Talvolta le controparti e le banche locali, quando ragionano in base a regole derivanti da principi islamici, hanno delle difficoltà ad accettare i correnti modelli di business internazionali. Se però si riesce ad instaurare una profonda fiducia reciproca è possibile superare gli ostacoli e costruire un rapporto di lavoro ispirato dalla mutua affidabilità.

È importante quindi dedicare i giusti sforzi per trovare le persone giuste da assegnare al progetto poiché, insieme a tutti gli altri fattori, anch'esse giocano un ruolo chiave per garantire il successo dell'iniziativa.

8. Errore: **Non credere e non impegnarsi fermamente nel proprio progetto imprenditoriale**
Qui parliamo di responsabilizzazione, un concetto fondamentale nel rapporto di lavoro che instauro con l'imprenditore.

Avviare una nuova attività o internazionalizzare quella già esistente negli EAU non è un gioco da ragazzi, è un processo articolato e impegnativo. Molte richieste che ricevo viaggiano sull'onda dell'entusiasmo che un viaggio a Dubai ha scatenato, per poi spegnersi poco alla volta quando si viene messi di fronte alla realtà dei fatti, alle scelte da compiere, ai costi da sostenere.

Un esempio: tempo fa sono stato contattato da un imprenditore che produce tute da lavoro, già presente in più paesi e tra i leader di mercato nel suo ramo. Gli propongo un'attività di marketing e scouting per ricercare opportunità di business e partnership negli EAU, a fronte di un equo compenso. La sua risposta è stata: "No grazie, pago a risultato". Questo è l'atteggiamento di un imprenditore che dimostra di non essere "committed", ossia di non essere seriamente impegnato nell'impresa che vuole realizzare.

Ricevo una media di due richieste di questo genere a settimana, da parte di imprenditori che parlano con più persone, aprendo mille strade, ma che in sostanza non si sentono impegnate con nessuno e facilmente non concludono nulla.

L'imprenditore è un professionista, così come lo è un avvocato. Perciò, così come da un legale ci si aspetta professionalità e serietà, è legittimo avere le medesime aspettative da parte dell'imprenditore: è questo che intendo con responsabilizzazione. Il primo che deve credere nel mercato e nel suo progetto è l'imprenditore; solo in questo caso il consulente può intervenire personalmente e mettere a disposizione la sua esperienza e la conoscenza del suo network sul territorio per cercare di facilitare la chiusura di un'opportunità di business.

Sembra un ragionamento scontato, ma alla prova dei fatti non lo è poi così tanto. Spesso anche la risposta alla domanda "come vuoi gestire a livello operativo l'attività sul territorio?" mi permette di capire se l'imprenditore è intenzionato seriamente ad entrare sul mercato o meno. Se la risposta è qualcosa del tipo "vorrei aprire una società a Dubai per vedere come vanno le cose, ma gestendo l'attività dall'Italia", so già in partenza che l'iniziativa è destinata a incontrare grossi ostacoli. Il solo fatto di avere una società negli EAU non è garanzia di ordinativi facili da parte di clienti locali; al contrario, come abbiamo già detto, una efficace iniziativa commerciale sul territorio richiede necessariamente la presenza in loco, insieme a **doti di perseveranza e tenacia** che, unite alla **specialità del prodotto o servizio offerto**, possono fare davvero la differenza.

9. *Consiglio*: **Rivolgersi ad un professionista competente in internazionalizzazione d'impresa**
   Mi ricollego innanzitutto a quanto detto sopra, ossia all'eventualità di trovarsi di fronte un imprenditore che non sembra abbastanza committed. Essendo questa una situazione che può accadere, ci sono dei criteri che esamino e tengo in considerazione, prima di avviare una collaborazione con un imprenditore. Nello specifico:
   a. il fatturato - se si tratta di un'azienda mediamente strutturata, faccio un'analisi a partire dal bilancio. C'è un target di fatturato minimo che è necessario avere per poter essere in grado di sostenere i costi di un processo di internazionalizzazione;
   b. la specialità del prodotto o del servizio offerto;
   c. il target di clientela di riferimento;
   d. le eventuali esperienze pregresse in altri mercati esteri.

Mi piace lavorare a stretto contatto con l'imprenditore e capire fino in fondo quali sono le sue esigenze e, soprattutto, le sue potenzialità. Quello che ho visto dalla mia esperienza è che quando l'imprenditore è veramente impegnato nel suo progetto e si sente quindi responsabilizzato è egli stesso a voler lavorare a stretto contatto con me. L'obiettivo che muove entrambi è di condividere un progetto comune e di delineare una strategia che sia in grado di coprire tutti i settori: da quello fiscale, commerciale a quello legale.

Ho sentito di casi in cui consulenti non abbastanza competenti o poco seri hanno gestito progetti di internazionalizzazione in questo modo:
   a. chiedendo all'imprenditore un compenso altissimo, fino anche a 100.000€, a fronte della promessa di entrare facilmente e senza troppi sforzi nel mercato emiratino;
   b. non conducendo alcun esame critico dell'idea di business esposta dall'imprenditore che mettesse in luce i pro e i con-

tro;

c. non conducendo un esame critico nemmeno sulla situazione di partenza dell'imprenditore: qual è il fatturato? la specialità del prodotto? il target di clientela di riferimento? Ecc.

Durante la prima fase di colloqui, l'imprenditore spesso mi espone la sua idea e a partire da quell'idea costruisco - costruiamo - un **investimento**, che ha ripercussioni sia dal punto di vista giuridico che dal punto di vista fiscale. E' l'aspetto legale su cui l'imprenditore ha più bisogno di supporto, poiché sugli aspetti fiscali ha spesso già ricevuto qualche indicazione dal proprio commercialista in Italia. Il più delle volte sono informazioni incomplete ma, una volta costruito l'investimento, fa parte della mia consulenza anche definire gli aspetti fiscali, individuando tra il mio network il commercialista giusto qui negli EAU e mettendolo in comunicazione con l'imprenditore. La consulenza però da cui partire per **l'internazionalizzazione di impresa** è bene sia legale, considerato che l'investitore italiano sarà tenuto a stipulare una serie di **contratti con il partner locale** che dovranno essere o redatti o controllati da un avvocato, che possa rappresentarlo e dargli una maggiore sicurezza.

L'idea di business esposta dagli imprenditori è spesso non strutturata, abbozzata. Al termine del primo incontro, quell'idea di norma si trasforma in qualcosa d'altro, perché durante i colloqui ci si rende conto che l'impostazione iniziale era errata, che non era inserita all'interno di un quadro d'insieme o che non teneva conto dei possibili riflessi che un'iniziativa imprenditoriale negli EAU può avere su altri mercati del Golfo.

Un professionista serio la cui *mission* è quella di **accompagnare e sostenere l'imprenditore lungo il suo percorso di insediamento nel territorio emiratino** è tenuto a:

1. ascoltare le indicazioni e le esigenze dell'imprenditore, farne un esame preliminare e rielaborarlo in forma operativa, indicando la soluzione più efficace per entrare nel mercato (*strategy planning*);

2. mettere in contatto l'imprenditore con i diversi professionisti necessari a coprire ogni ambito dell'operazione, dallo studio di mercato, al business plan, agli aspetti fiscali (*solution design*);

3. esaminare e adattare il business plan, qualora l'imprenditore lo abbia elaborato autonomamente, alla luce di costi o spese di cui non era consapevole;

4. consigliare in tema di *governance*;

5. ottenere licenze e predisporre i contratti commerciali;

6. fare follow up, ossia assicurarsi che quello che sta realizzando l'imprenditore sul territorio sia nel pieno rispetto della normativa locale.

10. *Consiglio*: Puntare sempre sulla qualità

Quello emiratino è un mercato molto competitivo ed esigente, composto da consumatori dall'alto potere di spesa (il PIL pro capite si aggira intorno ai 67000 dollari).

Sia che proponiate un prodotto o un servizio di fascia media o di fascia alta, fatevi sempre guidare dalla ricerca della qualità e non dalla quantità. Se trattate beni industriali o tecnologici, investite in ricerca e sviluppo per offrire soluzioni sempre più evolute e prestazionali. Se lavorate in campo alimentare, tenete presente che anche gli emiratini si orientano ormai su prodotti genuini e di qualità. Se quello che offrite è un servizio, siate sempre competenti e preparati, affidabili e dotati di buone doti relazionali.

CONCLUSIONE

Gli Emirati Arabi Uniti sono un Paese estremamente dinamico e vitale che si sta muovendo ormai da circa sessant'anni lungo un percorso di evoluzione rapida e decisa. È sorprendente pensare come a Dubai sia arrivata l'elettricità solo nel 1961, così come la prima centrale telefonica, e nello stesso anno sia stata costruita la prima strada asfaltata; ora, insieme ad Abu Dhabi, è uno dei luoghi più all'avanguardia al mondo, centro di attrazione per gli affari a livello internazionale.

Dubai su tutti gli emirati vanta delle caratteristiche uniche: una popolazione ristretta di nativi controbilanciata da una numero elevatissimo di stranieri lavoratori, un modello culturale vincente e tollerante che permette a tutti, musulmani, cristiani, indù, buddisti, di convivere e lavorare insieme, una classe dirigente illuminata intollerante verso la corruzione, rivolta a perseguire la diversificazione economica, ossessionata nel combattere la disoccupazione.

Com'è ovvio, non è un Paese perfetto. Anche Dubai ha le sue zone d'ombra su alcune delle quali, tuttavia, sta già lavorando. Negli anni '50 del 1900 gli abitanti di Dubai vivevano in modo ecologicamente sostenibile, procurandosi di che vivere senza sfruttamento onnivoro di risorse e consumo eccessivo. Da allora l'impatto ambientale del Paese è cresciuto di pari passo con la sua ricchezza. Nel 2008 il Living Planet Report del WWF bollava gli EAU come il primo Paese al mondo per impatto ambientale; il suo consumo di acqua equivaleva a 145 litri per persona al giorno, il più alto al mondo, superiore ai 128 litri degli USA - con l'ulteriore differenza che gli EAU, a differenza degli USA, sono un Paese privo di risorse idriche (basi pensare che il consumo medio per persona della vicina Giordania equivaleva a 22 litri al giorno). Se fino a qualche anno fa la consapevolezza sulle questioni ambientali in EAU era bassissima, ora l'atteggiamento sta cambiando. Ne sono prova i diversi programmi varati sia da Dubai che da Abu Dhabi, ma anche dal Paese nella sua interezza: nel primo capitolo abbiamo citato l'UAE Vision 2021, che si propone di trasformare gli EAU in uno dei primi Paesi al mondo in termini di infrastrutture sostenibili; lo Urban Planning Vision 2030 di Abu Dhabi con il medesimo obiettivo; il Dubai Integrated Energy Strategy 2030 che si prefigge di produrre entro il 2030 almeno il 5% dell'energia da fonti rinnovabili; e la costruzione di Masdar City, sempre ad Abu Dhabi, la città a zero emissioni.

Questo cambio di rotta non è solo indubbiamente auspicabile a livello ambientale, ma lo è anche in termini di nuove opportunità di investimento. Abbiamo visto sempre nel primo capitolo come il settore energetico sia uno dei principali spazi di investimento aperti negli EAU.

Questo è solo un esempio di come il Paese sia costantemente in movimento ed evoluzione, tratti che qualunque imprenditore lungimirante e perspicace dovrebbe tenere presente nella scelta delle destinazioni verso cui orientarsi per internazionalizzare la propria attività. Oltre a ciò, cito anche la relativa vicinanza con l'Italia (5-6 ore di volo) con i suoi quattro scali e la ricchezza generale del Paese. Se consideriamo i parametri base che si valutano nella scelta del mercato su cui operare, gli EAU si classificano certamente tra le posizione più elevate. I parametri sono:

- i paesi più vicini;
- i paesi più ricchi;
- i paesi più sicuri;
- i paesi meglio dotati a livello infrastrutturale;
- i paesi con ridotta corruzione;
- i paesi vicini ad altri verso i quali già si opera;

Indubbiamente ciò che caratterizza ancor più gli EAU è il trattamento fiscale assai conveniente sia per le imprese che per i residenti lavoratori. Ricordo che in EAU non sono applicate imposte non solo sul reddito delle società (a parte quelle petrolifere, petrolchimiche, del gas naturale e alle filiali degli istituti bancari) ma nemmeno sui redditi delle persone fisiche. I vari emirati, inoltre, offrono un numero elevato di free zone in cui le agevolazioni sono ancora più marcate. Ne ricordo le principali:

- a differenza che in mainland, l'attività può essere detenuta al 100% da uno straniero;
- i profitti e gli utili possono essere rimpatriati al 100%;
- i dazi di importazione ed esportazione sono azzerati, se le merci non sono destinate al mercato degli EAU.

Personalmente reputo questo Paese una vera opportunità per tutti, imprese e professionisti che desiderano fare un'esperienza di lavoro all'estero. Per questi ultimi c'è solo un aspetto da tenere in considerazione: per poter lavorare e vivere a Dubai è necessario il Resident Visa che attribuisce una serie di diritti, tra cui prendere in affitto un appartamento, aprire un conto in banca, acquistare un'auto ecc.

Nel momento in cui un'azienda assume uno straniero, tale visto viene rilasciato automaticamente ed è pertanto legato al datore di lavoro; si dice, cioè, che l'azienda fa da "sponsor" (termine che abbiamo trovato anche in relazione alle società). È necessario, quindi, prestare attenzione alla professionalità e alla serietà di chi si sceglie come propri sponsor, poiché, qualora il rapporto di lavoro si interrompesse, è previsto un periodo di tempo massimo di 30/90 giorni (a seconda della cittadinanza del lavoratore) per trovare un'altra occupazione. Dopodiché si è tenuti a lasciare il paese. Aggiungerei anche che l'esperienza lavorativa da svolgere negli EAU deve essere specializzante, mirata al settore di competenza del professionista. Non è assolutamente consigliabile arrivare negli EAU per arrangiarsi con un mestiere qualsiasi. A Dubai, come anche negli altri emirati, esiste una marcata, seppur "non scritta", classificazione professionale a seconda dell'appartenenza etnica o sociale. I tassisti, ad esempio, sono per lo più indiani, pachistani o filippini, così come i camerieri nei centri commerciali o nelle grandi catene. Un italiano che cerca lavoro a Dubai come cameriere difficilmente verrebbe preso in considerazione, a meno che non si tratti di ristoranti di un certo livello e per posizioni come maître, chef ecc. I profili professionali specializzanti maggiormente ricercati si concentrano nel settore finanziario, ingegneristico, in particolare edile-civile, e IT.

Vivo a Dubai stabilmente dal 2008 e questa città non smette di sorprendermi. È riuscita a risollevarsi dalla crisi che l'ha colpita duramente nel 2009, ha ridato linfa al settore immobiliare, che era stato quello maggiormente colpito, continua a rimodellare il suo territorio con progetti nuovi e sempre più innovativi, mantiene la sua identità di Paese arabo ponendosi allo stesso tempo come modello di integrazione tra culture e religioni, è costantemente attenta a incoraggiare investimenti stranieri e, a tal fine, a migliorarsi anche sul versante legale-normativo - ne è un esempio la nuova Company Law il cui obiettivo dichiarato è di continuare a muovere gli EAU verso una direzione internazionale, impostando il suo mercato e il suo ambiente imprenditoriale su norme di carattere globale (innalzando i livelli di garanzia per una buona governance, per la tutela degli azionisti e per la promozione della responsabilità sociale delle imprese).

Se l'approccio verso questo Paese da parte di un imprenditore è serio e scrupoloso, se non è influenzato da luoghi comuni e atteggiamenti poco modesti (come visto nel Decalogo), se è ben strutturato e pianificato grazie al ricorso a figure consulenziali e quindi non improvvisato, allora le chance di successo di un'attività commerciale negli EAU sono molto elevate. Ricordo che, dal mio punto di osservazione, la percentuale di successo che ho riscontrato in tutti questi anni di pratica sul campo è del 70% tra tutti i business avviati a Dubai, un valore decisamente alto. Mi è sempre piaciuto citare questa massima: "L'occasione arriva solo a colui che è ben preparato." (Spinoza).

APPENDICI

I CAPITOLO
Elenco delle free zone negli EAU

EMIRATO DI DUBAI
Dubai Airport Free Zone
Dubai Silicon Oasis
Jebel Ali Free Zone
Dubai Multi Commodity Centre
Dubai Internet City
Dubai Media City
Dubai Studio City
Dubai Academy City
Dubai Knowledge Village
10. Dubai Outsource Zone
11. Enpark
12. Intl Media Production Zone
13. Dubai Biotech Research Park
14. Dubai Auto Zone
15. Gold and Diamond Park
16. Dubai Healthcare City
17. Dubai International Financial Center
18. Dubai Logistics City
19. Dubai Maritime City
20. Dubai Flower Centre
21. International Humanitarian City

EMIRATO DI ABU DHABI
Masdar City
Abu Dhabi Ports Company
Abu Dhabi Airport Free Zone
Khalifa Industrial Zone
ZonesCorp
twofour 54

EMIRATI DI SHARJAH, UMM AL QUWAIN, AJMAN, RAS AL KHAIMAH, FUJAIRAH
Sharjah Airport Free Zone
Hamriyah Free Zone
Ahmed Bin Rashid FZ
Ajman Free Zone Authority
RAK Investment Authority
RAK Free Zone
RAK Maritime City
Fujairah Free Zone
Fujairah Creative City

II CAPITOLO
Elenco degli indici per la valutazione aziendale

Indici per l'Analisi Patrimoniale

Capitale Circolante Netto: rappresenta l'ammontare complessivo delle risorse finanziarie dell'impresa che non sono immobilizzate ed è un indicatore diagnostico sull'equilibrio finanziario di breve periodo (entro i dodici mesi), ovvero sulla solvibilità dell'impresa;

Capitale Investito: indica l'ammontare dell'investimento totale necessario all'impresa per lo svolgimento della sua attività;

Posizione Finanziaria Netta: individua l'indebitamento netto dell'impresa ed esprime la capacità di copertura delle passività finanziarie in relazione alle sole disponibilità liquide, immediate e differite, ad una certa data;

Flusso di cassa (cash flow): considera le entrate e le uscite di cassa di un business o una azienda per verificare l'ammontare di liquidità prodotta nel corso dell'esercizio e la sua sostenibilità;

Avviamento: voce che tiene in considerazione i fattori immateriali propri dell'azienda, quale l'ubicazione, l'organizzazione, le qualità tecniche del personale, l'esperienza accumulata, la tradizione produttiva, la clientela, il buon nome sul mercato, i rapporti con i fornitori, fattori che concorrono a formare un valore superiore dell'impresa stessa;

<u>Valore aziendale</u>: è determinato da tutte le componenti che abbiano un interesse per il compratore: capitali versati, macchinari, portafoglio ordini, magazzino, utili prodotti, meno gli indebitamenti in corso.

<u>Margine di struttura</u>: evidenzia la capacità dell'azienda di coprire gli investimenti nella struttura fissa con i mezzi propri ed è quindi un indicatore della solidità patrimoniale dell'impresa; <u>Margine di tesoreria</u>: indica la capacità dell'impresa di soddisfare le richieste debitorie a breve scadenza utilizzando le disponibilità liquide o le attività prontamente liquidabili.

Indici per l'Analisi Economica
<u>Costo del venduto / Ricavi Vendite</u>: comprende tutte quelle voci di costo che sono direttamente allocabili alla fase di produzione di prodotti o servizi, per esempio la manodopera diretta, le materie prime, le spese di viaggio riferite all'erogazione di un servizio ecc.;

<u>Costo del Personale / Ricavi Vendite</u>: indica quanto incidono, in percentuale, tutti i costi del personale dipendente sui Ricavi delle Vendite.

<u>ROS (Return on Sales) / Ricavi Vendite</u>: misura la redditività lorda delle vendite ed è ottenuto sottraendo ai ricavi delle vendite tutti i costi della produzione (costo del venduto, costo del personale, ammortamenti, ecc.). È assimilabile al concetto di valore aggiunto, determinando l'incremento di valore delle merci per effetto del processo produttivo;

<u>Risultato Prima Imposte / Ricavi Vendite</u>: determina, in termini percentuali, qual è la Redditività Totale Lorda dei Ricavi delle Vendite.

<u>Utile (Perdita) dell'Esercizio / Ricavi Vendite</u>: esprime, in termini percentuali, la Redditività Totale Netta dei Ricavi delle Vendite.

<u>Indice di Efficiente Produzione</u>: esprime la capacità dell'azienda di produrre reddito e si calcola attraverso il rapporto tra i ricavi conseguiti e i ricavi al punto di equilibrio (breakeven point), ossia il livello di produzione necessario per raggiungere il

pareggio che si ottiene quando i costi fissi più gli altri costi di produzione sono pari ai ricavi. Quando ciò avviene, vuol dire che ogni ulteriore vendita produce un reddito pari al fatturato meno i costi di produzione, senza più l'incidenza dei costi fissi, e che l'azienda, pertanto, produce reddito.

Indici per l'Analisi Finanziaria

Grado d'Indipendenza Finanziaria: indica in che percentuale l'attività d'impresa è garantita da mezzi propri, cioè dal capitale apportato dai soci.

Ritorno sul Capitale Investito ROI: valuta la redditività ed efficienza della gestione tipica dell'azienda, al fine di verificare la capacità dell'impresa di remunerare sia il capitale proprio che il capitale di terzi. Esprime, in sostanza, quanto rende il capitale investito in un'impresa;

Ritorno sul Capitale Netto ROE: determina in che percentuale il denaro investito dai soci viene remunerato ed interessa in prima persona gli investitori;

Rotazione Rimanenze: indica il numero di volte in cui, nell'esercizio, le rimanenze di magazzino (materie prime, semilavorati, prodotti finiti, ricambi, ecc.) si rinnovano rispetto alle vendite.

Rotazione Capitale Circolante Netto: indica il numero di volte in cui, nell'esercizio, il Capitale Circolante si riproduce attraverso le vendite. Più è elevato questo indicatore, maggiore è la capacità dell'azienda di reperire nel proprio ambito i mezzi finanziari per far fronte alle uscite derivanti dai pagamenti;

Flusso di cassa / Ricavi Vendite: indica la quota di liquidità (cassa e banche) generata dai Ricavi delle Vendite, in termini di percentuali sui ricavi stessi. Rispetto al flusso di cassa patrimoniale, indica la capacità di disporre di liquidità in un arco temporale più breve.

Calcolo del Rating Basilea 3

Cito anche il rating Basilea 3, che rappresenta un giudizio espresso dalla banca per esprimere l'affidabilità di un'impresa, e più precisamente la sua capacità di ripagare un prestito in un determinato periodo di tempo. Migliore è il "punteggio" assegnato all'azienda, maggiore sono le possibilità che l'impresa acceda al finanziamento e spunti condizioni di maggior favore, pagando tassi di interesse inferiori.

Secondo l'accordo di Basilea, è stata sviluppata una formula matematica che consente a tutti gli istituti finanziari e alle aziende di calcolare il rating della propria PMI.

Il Rating Basilea 3 nelle PMI è fondamentale perché:

* consente all'imprenditore di sapere come un organo esterno valuta l'impresa e, di conseguenza, come la stessa si posiziona nei confronti delle banche e dei creditori;
* il suo miglioramento deve essere inserito tra gli obiettivi dell'impresa, per cui tutta l'organizzazione deve essere concentrata verso quella direzione;
* incoraggia l'imprenditore a conoscere come le voci di bilancio interagiscono, per cui per ottenere un miglioramento sarà necessario fare delle simulazioni che supporteranno le decisioni da prendere per attuale tale miglioramento.

BIBLIOGRAFIA

Ali Syed, Dubai, Gilded Cage, Yale University Press, 2010
Galletti Massimo, Joint venture e modelli di integrazione tra imprese nel sistema degli appalti. Tutela e responsabilità, Giuffré, 2005
Krane Jim, City of Gold, Picador, 2009
Tupponi Marco, Le Joint Ventures ed il contratto di rete, Cedam, 2012
http://www.theemiratesgroup.com/english/facts-figures/annual-report.aspx
http://www.infomercatiesteri.it/quadro_macroeconomico.php?id_paesi=102
http://www.imf.org/external/country/ARE/
http://www.imf.org/external/pubs/ft/scr/2016/cr16266.pdf
https://www.cia.gov/library/publications/the-world-factbook/geos/ae.html
http://data.worldbank.org/indicator/NY.GDP.MKTP.CD
http://www.forbes.com/places/united-arab-emirates/
http://reports.weforum.org/global-competitiveness-report-2015-2016/competitiveness-rankings/
https://www.ecouncil.ae/PublicationsEn/economic-vision-2030-full-versionEn.pdf
http://www.upc.gov.ae/template/upc/pdf/abu-dhabi-vision-2030-revised-en.pdf
https://www.emiratesnbd.com/plugins/ResearchDocsManagement/Documents/Research/Emirates%20NBD%20Research%20-%20Dubai's%20Services%20Sector%20Overview%2018%20March%202015.pdf
http://www.economy.gov.ae/EconomicalReportsEn/MOE%20Annual%20Report%20English%20-%202015.pdf
https://www.dsc.gov.ae/en-us/DSC-News/Pages/Dubai-Economy-Grows-.aspx
http://www.dpworld.ae/en/home
http://dubaiairportsreview.com/wp-content/uploads/2016/05/Dubai-Airports-Yearbook-Downloadable-2015.pdf
http://www.infomercatiesteri.it/public/rapporti/r_102_emiratiarabiuniti.pdf
http://www.tradingeconomics.com/united-arab-emirates/gdp-growth/forecast
http://www.assocamerestero.it/default.asp?idtema=1&idtemacat=1&page=cercacat&action=guidapaese&index=1&order=b0&paginazione=10&idcategoria=0&paese_sogg=57&idinformazione=33363
http://analisi-di-bilancio.mkt.it/indici-di-bilancio/
http://www.prefettura.it/FILES/docs/1173/Conoscere_il_rating.pdf
http://www.ilsole24ore.com/pdf2010/SoleOnLine5/_Oggetti_Correlati/Documenti/Norme%20e%20Tributi/2011/06/guida-mettersi-in-proprio/domanda/business-plan.pdf

https://www.pwc.com/m1/en/tax/documents/new-commercial-company-law-in-uae.pdf

http://ejustice.gov.ae/downloads/latest_laws2015/federal_law_2_2015_commercial_companies_en.pdf

http://www.grantthornton.ae/content/files/federal-law-no-2-of-2015-on-commerical-companies-in-the-uae.pdf

https://www.mof.gov.ae/En/budget/Pages/VATQuestions.aspx

https://www.ecouncil.ae/en/Official-Gazette/Documents/English-2016/3rd%20edition%202016%20english.pdf

http://www.sviluppoeconomico.gov.it/images/stories/recuperi/Impresa_internazionalizzazione/dossier_eau_emirati-arabi_2010.pdf

http://www.diritto24.ilsole24ore.com/art/avvocatoAffari/mercati Impresa/2014-05-27/contratti-joint-venture-085755.php

http://www.ipsoa.it/documents/impresa/quotidiano/2014/08/09/i-principali-contratti-di-cooperazione-fra-societa-la-joint-venture

www.ingramcontent.com/pod-product-compliance
Lightning Source LLC
Chambersburg PA
CBHW021937190326
41519CB00009B/1042